Clickertraining
Der liebevolle Weg zum souveränen Hund

von Benita Sommerfelt

Dein erster Hund Verlag

Druck: Amazon Deutschland oder Partner

Der Druck erfolgt in chlorfreier Tinte und das säurefreie Papier für den Innenteil des Buches wird von einem Anbieter mit Forest Stewardship Council-Zertifizierung bezogen. Alle Abfälle, die beim Drucken entstehen und sich im Büroalltag anfallen, werden ordentlich recycelt und verwertet. Zudem werden in der Zukunft weiterhin Prozesse stattfinden, um die Umweltfreundlichkeit zu versichern. Damit verpflichtet sich der Druckpartner Amazon und seine Partner dazu, seinen Teil zum Umweltschutz beizutragen.

Wir haben uns bewusst für den Druck durch Amazon entschieden - denn so werden nur die Bücher angefertigt, die auch benötigt werden. Unser Verlag verzichtet zudem auf überflüssigen Schriftverkehr und wickelt alle Prozesse digital ab. Dies spart Ressourcen und schont die Umwelt!

ISBN: 978-3-949675-38-6

Clickertraining

Der liebevolle Weg zum souveränen Hund

Wie du mit einfachen Übungen deinen Hund artgerecht trainierst und eure Mensch-Hund-Bindung stärkst

von

Benita Sommerfelt

Am Anfang war Lilly.

Beneidest du all die Menschen, die mit ihren Hunden an lockerer Leine überall hingehen können? Egal ob da fremde Hunde sind, Kinder spielen, Autos fahren oder Katzen herumlaufen? Wäre es nicht schön, wenn dein Vierbeiner sich zu benehmen weiß? Er bettelt nicht, stürzt nicht wild bellend zur Tür, wenn es läutet oder liegt auf Kommando brav in seinem Körbchen. Ein Traum? Das muss es nicht bleiben. Du hast mit dem Kauf dieses Buches den ersten Schritt getan, diesen Traum zu verwirklichen. Mit dem Clicker trainierst du deinen Hund einfach und schnell. Und das Beste daran ist, es macht auch noch Spaß, und zwar euch beiden.

Alles was du zum Clickertraining wissen musst, inklusive vieler Insidertipps und Tricks, erfährst du in diesem Buch. Vielleicht fragst du dich, warum gerade ich dieses Buch geschrieben habe und wie es dir helfen soll. Nun, am besten, ich fange mit dem Anfang an.

Angefangen hat alles mit Lilly. Die kleine Yorkie-Jack Russel-Mix-Hündin kam vor ca. 10 Jahren in mein Leben und hat es kräftig durcheinandergewirbelt. Meine Lilly war damals 8 Monate alt und hatte alle Unarten, die man sich vorstellen kann. Von Erziehung oder gar Sozialisierung hatten ihre Vorbesitzer offenbar nie etwas gehört. Sie wurde abgegeben, weil sie zu aktiv war. Ihre Lieblingsbeschäftigungen waren Löcher zu buddeln und Fahrzeuge jeder Art lautstark anzubellen und wenn möglich hinterherzujagen.

Ich war ihrer Meinung nach dazu da, den Futternapf zu füllen. Etwas anderes wusste sie mit mir nicht anzufangen. Kommen, wenn sie gerufen wurde? Auf so eine Idee kam sie nicht.

Spazierengehen war ihr völlig fremd. Entweder zog sie mit aller Kraft an der Leine oder sie fing unterwegs an, Löcher zu buddeln. Alles was sie nicht kannte, und das war eine Menge, wurde angebellt oder angeknurrt. Spielzeug war ein Fremdwort, es wurde ignoriert.

Ich war völlig überfordert. Dabei war Lilly nicht mein erster Hund, das Zusammenleben mit meinen anderen Fellnasen hatte nie ein Problem gemacht. Bei Lilly war das anders – und guter Rat teuer.

Es hat lange gedauert und viel Kraft und Zeit gekostet, bis Lilly und ich ein Team geworden sind. Doch ich will nicht vorgreifen.

Ich fing an, alle Bücher zu verschlingen, in denen es um Hundeausbildung ging. Mein neu erworbenes Wissen versuchte ich in die Tat umzusetzen. Und siehe da, kleine Erfolge stellten sich ein. Erste kurze, gemeinsame Aktionen waren ein Erfolgserlebnis für uns beide. Lilly fing plötzlich an, ab und zu auf mich zu achten. Natürlich gab es auch Rückschläge und ich habe viele Fehler gemacht. Um noch besser zu werden, meldete ich uns für einen Kurs in einer Hundeschule an. Als wir nach der ersten Trainingseinheit nach Hause kamen, spielte meine Lilly ausgelassen mit mir Fangen um den Küchentisch. So ausgelassen und fröhlich hatte ich sie noch nie erlebt. Die Übungen dort machten ihr Spaß, obwohl der Trainer sehr konsequent war und keine Frechheiten duldete. Lilly wurde wesentlich umgänglicher und aufmerksamer. Das gab mir Stoff zum Nachdenken. Offenbar war es gerade diese Konsequenz und Ruhe, die den Erfolg brachten.

Der nächste Schritt waren der Hundeplatz und der Hundeverein. Inzwischen hatte ich meine Lektüre auf Körpersprache und Verhalten ausgedehnt. Dabei stieß ich das erste Mal auf den Clicker. Die Theorie dahinter fand ich spannend. Bestätigt wurde ich durch die Trainerin auf dem Hundeplatz. Auch sie sprach vom Clicker, erläuterte seine Vorteile.

Unter ihrer sachkundigen Anleitung machten Lilly und ich unsere ersten Schritte in der Welt des Clickerns. Lilly lernte schneller als sonst neue Übungen und arbeitete konzentrierter mit. Was lag also näher, als das gesamte Training auf den Clicker umzustellen? Ich erkannte, dass ihr anfängliches Verhalten auf Unsicherheit beruhte, außerdem war der kleine Wildfang schlicht und einfach nicht ausgelastet gewesen. Diese beiden Erkenntnisse brachten uns weiter.

Es dauerte nicht lange und wir beide bestanden die Begleithundeprüfung. Ein Riesenerfolg! Das Hundevirus hatte mich nun vollständig befallen.

Am allerliebsten war mein kleiner Wuschel in der Ecke mit den Agilitygeräten unterwegs. Also landeten wir nach der Grundausbildung in der Agilitygruppe. Hier konnte sie endlich zeigen, was in ihr steckte: Schnelligkeit und Intelligenz.

Eifrig übten wir zu Hause weiter, was wir im Training gelernt hatten. Schon bald konnte ich anderen Hundesportlern Tipps und Hinweise für ihr Training geben. Dabei half mir mein theoretisches Hintergrundwissen. Es folgten mehrere Seminare bei verschiedenen Trainern aus dem In- und Ausland und letztendlich der eigene Trainerschein. Seit damals sind viele Jahre vergangen. Ich habe unzählige Hund / Mensch-Teams ausgebildet und auf den Weg gebracht und Welpen den Einstieg ins Hundeleben erleichtert.

Meine Lilly und ich, wir sind ein richtig gutes Team geworden. Wir konnten uns aufeinander verlassen. Von unzähligen Agilityturnieren haben wir viele Pokale mit nach Hause genommen. Der Weg dahin war nicht immer leicht, aber er hat sich gelohnt. Auf diesem Weg habe ich festgestellt, dass von den Hundebesitzern immer wieder die gleichen Fehler gemacht wurden. In den Trainingsstunden tauchten ständig dieselben Fragen auf.

Damit du es einfacher hast und diese Fehler nicht machst, habe ich meine Erfahrungen aufgeschrieben. Sie werden dir helfen, deinen Hund zu dem Begleiter und Familienmitglied auszubilden, den du dir wünschst.

Der „Dein erster Hund Verlag“ ist ein leidenschaftlicher Spezialverlag für Sachbücher und Ratgeber rund um das Thema Hund. Wir möchten insbesondere dich als Hunde-Einsteiger dabei unterstützen, einen entspannten Alltag und eine vertrauensvolle Bindung mit deinem vierbeinigen Freund zu genießen. Alle unsere Inhalte sind daher leicht verständlich und absolut für Einsteiger geeignet!

Natürlich bieten unsere Bücher auch für erfahrenere Tierliebhaber mit dem zweiten oder dritten Hund viele wertvolle Impulse und nützliches Wissen.

Unsere Philosophie: Wir verstehen, dass Hunde von Natur aus sensible Wesen sind und das Verhalten des Menschen widerspiegeln. Daher kannst du dich darauf verlassen, dass alle unsere Bücher auf liebevoller, aber konsequenter Erziehung basieren. Jeglichen bestrafenden Erziehungsmethode kehren wir den Rücken. Ganz nach dem Motto: Harmonische Beziehung statt gewaltsame Erziehung!

Wenn du mehr über den artgerechten und liebevollen Umgang mit Hunden erfahren und die Beziehung zu deiner Fellnase zu einem unzertrennbaren Band aufzubauen willst, schaue dir gerne die weiteren spannende Bücher aus dem „Dein erster Hund Verlag“ auf 139

Viel Freude beim Lesen und Umsetzen!

Inhalt

Verhalten deines Hundes verstehen

Was macht einen Hund zu einem Hund? Neben den anatomischen Merkmalen wie 42 Zähnen, nicht einziehbaren Krallen, vier Zehen an den Hinterläufen, 4 bodenberührenden und eine höher gelegene Zehe an den Vorderläufen, vor allem sein Verhalten.

Alle Hunde sind Raubtiere und fressen Fleisch. Vom Wolf haben sie einen hohen Bewegungsdrang geerbt. Wie dieser vergraben auch Hunde Futterreserven für Notzeiten. Hunde haben als Rudeltiere ein ausgeprägtes Sozialverhalten und kommunizieren auf vielfältige Weise miteinander. Sie können sehr gut hören und riechen und sie verteidigen ihr Revier.

Alle Hunde stammen vom Wolf ab. Vor vielen tausend Jahren schlossen sich Wölfe den umherziehenden Menschen an. Sie profitierten von Essensresten und geschützten Schlafplätzen. Im Gegenzug halfen sie den Menschen bei der Jagd. Wahrscheinlich schlossen sich urzeitliche Jäger den jagenden Wölfen an und machten so leichter Beute. An den gemeinsamen Lagerplatz konnte sich niemand unbemerkt heranschleichen. Die Wölfe alarmierten sofort! Wann genau das geschah, ist nicht geklärt.

Aus dem Wolf entstanden bis heute rund 400 Hunderassen. Sie unterscheiden sich in Größe, Fellfarbe und -länge und teilweise im Verhalten voneinander. So hat ein Jagdhund (Deutsch Drahthaar, Weimaraner, Magyar Vizsla, Terrier, Beagle usw.) einen ausgeprägten Jagdtrieb. Hunde für das Verfolgen von Fährten brauchen einen ausgezeichneten Geruchssinn. Hütehunde (Border Collie, Collie, Sheltie, Deutscher Schäferhund) halten die Herde zusammen. Wachhunde (Rottweiler, Dobermann) beschützen ihr Territorium mit besonders viel Eifer.

Verhalten äußert sich in Bewegung, Gesten, Mimik, Körpersprache und Lautäußerungen. Es wird durch Umweltreize ausgelöst. Dein Hund liegt im Garten. Plötzlich fängt es an zu regnen. Was macht dein Vierbeiner? Er reagiert darauf, indem er aufsteht und ins Haus geht. Das würden wir auch tun.

Ein Hund verhält sich seiner, jedoch nicht immer unserer Art entsprechend. Es kann daher passieren, dass sein Verhalten nicht mit den Vorstellungen seines Menschen über einen sich gut benehmenden Hund übereinstimmt. Zum Beispiel wurden Beagle dazu gezüchtet, kleines Wild, Füchse oder Dachse aus ihren Bauen zu scheuchen. Dazu gräbt ein Beagle den Bau auf. Soll ein Beagle nicht als Jagdhund, sondern als Familienmitglied leben, wird er trotzdem bei jeder sich bietenden Gelegenheit buddeln. Egal wo und egal wie schlammig und modderig der Boden ist. Es ist ihm ebenfalls egal, ob er hinterher wie ein Schlammmonster aussieht. Dieses Verhalten steckt in ihm. Ist sich sein Mensch dieser Tatsache bewusst, kann er schon beim Welpen gegensteuern. Er kann gezielt eingreifen und dem kleinen Kerlchen Alternativen anbieten.

Durch ihr Verhalten kommunizieren die Hunde sowohl untereinander als auch mit ihrem Menschen, mit dir. Sie drücken ihre Gefühle aus, äußern Wünsche und melden Bedürfnisse an. Es liegt an dir, das Verhalten deiner Fellnase richtig zu deuten und darauf einzugehen. Beschäftige dich ein wenig mit der Körpersprache der Hunde und ihren Lautäußerungen. Beobachte deinen vierbeinigen Freund. Dann wirst du bald wissen, ob er gerade Lust zum Spielen hat oder lieber in Ruhe gelassen werden möchte. Knurrt oder bellt er, wenn ihr andere Hunde trefft? Das muss nicht aggressiv sein. Eventuell ist er unsicher und ängstlich und möchte lediglich Abstand halten.

Warum verhält sich dein Hund so wie er es tut?

Aus drei Gründen:

1. Weil er ein Hund ist.

2. Er reagiert auf seine Umwelt.

3. Er hat gelernt, welches Verhalten ihm Vorteile bringt

Angeborenes Verhalten

Angeborenes Verhalten ist genetisch fixiert. Die Hunde führen es unbewusst aus. Dieses Verhalten kannst du nur schwer bis gar nicht steuern.

Zum angeborenen Verhalten gehört das Sozialverhalten im Rudel (Menschenfamilie). Dazu kommen, je nach Rasse, die Anlagen für Jagdverhalten, Apportierfreudigkeit, Beschützerinstinkt oder Hüteverhalten. Diese Anlagen wurden vom Menschen angezüchtet. Sie sind individuell verschieden und müssen oft durch Erziehung und Ausbildung gefördert werden. Teilweise wurden diese Verhaltensweisen auch wieder herausgezüchtet. So gibt es bei den Border Collies Zuchtlinien für Showhunde ohne Hütetrieb und Zuchtlinien für Arbeitshunde mit Hüteveranlagung. Showhunde werden ausschließlich für Ausstellungen, Shows oder als Familienhunde gehalten. Wer einen Hüte- oder Sporthund sucht, greift auf ein Tier aus einer Arbeitslinie zurück.

Arterhaltend ist das Fortpflanzungsverhalten mit anschließender Brutpflege. Auch das ist angeboren und muss nicht erlernt werden. Wird eine Hündin läufig, weiß sie, was zu tun ist. Sie setzt Duftmarken und lockt einen Rüden an. Nach erfolgreicher Paarung und Schwangerschaft bereitet sie sich auf die Geburt vor. An geschützter Stelle baut sie ein kuscheliges Nest. Du solltest deiner Hündin eine geeignete Wurfkiste mit Decken zur Verfügung stellen. Die Neugeborenen werden von ihr saubergeleckt, warmgehalten und dürfen Milch trinken. Sind die Welpen ungefähr 3 Wochen alt, fängt die Hündin an, Futter für sie hervorzuwürgen. Das vorverdaute Futter bekommt den Kleinen sehr gut. Nach 7 bis 8 Wochen unterrichtet sie den Nachwuchs in allem, was ein kleiner Hund wissen muss. Damit nimmt sie dem späteren Welpenbesitzer viel Arbeit ab. Was die Kerlchen von Mama lernen, prägen sie sich besonders gut ein. Sie vergessen es ihr ganzen Hundeleben lang nicht mehr. Bleibt der Kleine lange genug bei der Mutter (mindestens 9 Wochen), bekommt sein

Menschenfreund einen ausgeglichenen Hund, der sich problemlos in die Familie einfügt.

Den Welpen ist angeboren, dass sie mit kreisenden Bewegungen eine Zitze suchen und beginnen zu saugen. Der Saug-Schluck-Reflex setzt ein. Das bedeutet, die eingesaugte Muttermilch wird abgeschluckt. Mit „Treteln“ gegen die Milchleiste, rhythmischen Tretbewegungen der Vorderbeinchen, versuchen sie, den Milchfluss anzuregen. Das alles müssen sie nicht lernen, das würde viel zu lange dauern. Die Winzlinge können Temperaturen fühlen. Wird ihnen kalt, suchen sie nach ihrer Mutter oder den Geschwisterchen. Klappt das nicht, winseln sie. Die Hündin kann den Ausreißer orten und zurückbringen. Das gesamte Verhalten in den ersten drei Lebenswochen eines Welpen ist darauf gerichtet, zum Nest (Wärme) zurückzufinden und nach den Zitzen der Mutter zu suchen (Nahrung). Der Lernprozess beginnt für die Kleinen innerhalb der 3. Lebenswoche, wenn Augen und Ohren offen sind. Jetzt beginnen sie, ihre Umwelt wahrzunehmen und auf Reize zu reagieren.

Die Körpersprache deines Hundes

Der Körper ist der Hunde liebstes Ausdrucksmittel. Sie sind Meister darin, über Körperhaltung und Gesichtsausdruck ihrem Gegenüber Botschaften zu senden. Mit entsprechenden Gesten vermeiden sie unnötige Konflikte. Seine Position in der Gruppe macht dein Hund mit Unterwürfigkeits-, Dominanz- oder Drohgesten deutlich. Mit seinem Körper erzählt er dir, wie er sich gerade fühlt und was er sich von dir wünscht. Wie immer, musst du die Zusammenhänge sehen. Aus einzelnen Momentaufnahmen ist es oft schwierig bis unmöglich, die Stimmung deines Hundes herauszulesen.

„Ich freue mich!“

Dein Hund freut sich, dass du Zeit mit ihm verbringen möchtest. Sein Körper ist locker, die Ohren sind aufmerksam nach vorn gerichtet. Hat dein Racker Schlappohren, musst du eventuell zweimal hinschauen. Sein Blick ist weich und freundlich, mit erhobenem Kopf sieht er dich an. Die Mundwinkel sind nach hinten gezogen, das Mäulchen ist geöffnet, die Eckzähnchen blitzen weiß hervor. Man könnte fast meinen, er lacht! Die Rute wedelt eifrig und freundlich mit der Tendenz zur rechten Seite. Hunde untereinander achten darauf, zu welcher Seite der Ausschlag größer ist. Geht er nach rechts, ist das Wedeln freundlich gemeint, wedelt der gegenüber eher nach links, ist es besser, Abstand zu halten. Ist die Begeisterung groß, wedelt das ganze Hinterteil mit.

Er läuft eifrig um dich herum, kann kaum erwarten, was passiert. Aktive Hunde springen an dir hoch oder sie hüpfen wie ein Flummi. Eventuell bellt dein Vierbeiner in hohen Tönen. Bei Chihuahuas und anderen Zwergen kann es ins Quietschen übergehen.

"Bitte, bitte!"

Hier kommt der Dackelblick zum Einsatz. Dein Hund kann ihn zur Verstärkung mit leisem Fiepen oder Wimmern kombinieren.

Funktioniert der Blick allein nicht, versucht dein Welpe, dich zu bepföteln oder dir auf den Schoß zu springen. Größere Hunde legen dir ihren Kopf oder eine Vorderpfote auf das Knie, manche stupsen dich mit der Nase an. Übrigens, alle Hunde sind Meister der Hypnose. Sie versuchen mit beschwörenden Blicken deine Bratwurst in Richtung ihres Schnäuzchens zu lenken. Bettelt dein Racker um Aufmerksamkeit, stellt er sich dir in den Weg oder läuft dir vor die Füße.

"Was ist das?"

Alle Hunde sind von Natur aus furchtbar neugierig. Sie richten Ohren und Augen auf das interessante Objekt. Die Körperhaltung ist gespannt, die Rute steht vor Aufregung in die Höhe. Entweder wedelt sie leicht hin und her, bei stärkerer Erregung auch schneller, aber nie mit so hohem Ausschlagwinkel wie bei Begeisterung, oder sie zittert leicht. Die Rute ist, wie der ganze Körper, leicht angespannt und steif. Das Hinterteil wedelt nicht mit. Dann kommt die Nase zum Einsatz, das Objekt wird ausgiebig beschnüffelt, dann mit den Pfoten betastet und eventuell könnte man kosten ...

"Ich muss dringend Gassi!"

Dein Welpe wird unruhig und läuft suchend umher, die Nase ist häufig am Boden. Ist er schon älter, läuft er zur Tür. Eventuell pendelt er zwischen der Tür und dir hin und her und versucht durch Fiepen deine Aufmerksamkeit zu erregen.

Wird es akut, zieht dein Welpe immer kleinere Kreise und schnüffelt intensiv am Boden. Jetzt bleiben dir noch wenige Sekunden, um zu handeln.

"Komm, spiel mit mir!"

Die klassische Spielaufforderung ist eine typische Körperhaltung. Das Vorderteil deines Hundes liegt auf dem Boden, die Vorderbeine sind lang ausgestreckt. Der Kopf ist gesenkt, die Ohren sind aufmerksam nach vorn gerichtet. Er schaut dich aus offenen, freundlichen Augen an, die Schnauze ist geöffnet. Das Hinterteil ragt dabei in die Höhe, die Rute wedelt erwartungsvoll.

Wünscht er sich ein Ballspiel, kommt dein Welpe mit seinem Lieblingsball im Schnäuzchen an und setzt sich vor dich. Als Verstärkung kann er den Dackelblick einsetzen. Reagierst du nicht, werden manche Hunde kreativ. Sie schleppen ein Spielzeug nach dem anderen an, in der Hoffnung, nun wird er wohl mitmachen.

Ihr trefft einen fremden Hund. Deine Fellnase legt sich mit Blick auf den anderen Hund flach auf den Boden. Das ist erst einmal ein Zeichen der Unsicherheit, es kann ebenso eine dezente Spielaufforderung sein. Kurz bevor der andere Hund euch erreicht, stürzt dein Kleiner vorwärts. Dann möchte er mit dem fremden Hund spielen.

„Tu mir nichts!"

Es gibt viele Beschwichtigungssignale. Dein Welpe duckt sich, er macht sich klein. Seine Ohren liegen seitlich oder nach hinten am Kopf an, Kopf und Blick sind gesenkt. Die Maulwinkel sind nach hinten gezogen, die Schnauze ist geschlossen. Reicht das noch nicht, rollt er sich mit eingeklemmter Rute auf den Rücken.

Er dreht den Kopf zur Seite und meidet Blickkontakt.

Gähnen, sich die eigene Schnauze oder die Schnauze des anderen Hundes lecken, zur Seite gehen, sich kratzen, sich hinlegen, sich hinsetzen sind weitere Beschwichtigungssignale.

„Ich bin entspannt"

Dein entspannter Welpe hat eine entspannte Rute, die er in ihrer rassetypischen Haltung trägt. Seine Ohren sind aufgerichtet, die Schnauze ist leicht geöffnet und die Zunge ist sichtbar. Sein Blick ist entspannt und freundlich.

„Ich bin nervös oder überfordert und habe Stress."

Dein Welpe ist unruhig und zeigt Übersprunghandlungen oder Beschwichtigungssignale.

Wenn dein Welpe mit verträumtem Blick im Körbchen liegt muss das noch lange nicht heißen, dass ihm langweilig ist. Eventuell ruht er sich einfach aus.

Woran erkennst du, ob ihm langweilig ist? Unternehmt ihr viel zusammen? Spielt ihr viel? Geht ihr nicht jeden Tag die gleiche Runde? Erlebt dein Kleiner mit dir spannende Abenteuer, kann er neue Erfahrungen sammeln? Wenn du diese Fragen mit Ja beantworten kannst, sollte alles in Ordnung sein. Ab und zu ein bisschen Langeweile schadet deinem Hund nicht. Anders wird die Situation, wenn er ständig unterfordert ist.

Dann hast du genau das, worüber viele Hundehalter klagen. Die Vierbeiner zerkauen Schuhe, nagen Möbel an, zerfressen Teppiche, lesen und zerschnipseln Zeitungen oder Bücher. Eventuell bellt der Hund die ganze Nachbarschaft zusammen oder wird gar aggressiv. Er läuft nervös umher, verfällt in Lethargie oder leckt sich ständig.

Dieses Verhalten ist ein Hilfeschrei nach Beschäftigung.

„Pass auf!“

Bei deinem wachsamen Vierbeiner ist der Körper leicht gespannt, die Rute steht nach oben und kann leicht schwingen oder zittern. Alles an ihm strahlt Aufmerksamkeit aus: Der nach vorn gerichtete Blick, der Gesichtsausdruck und die nach vorn gerichteten Ohren.

Vorsicht: „Das ist eine Drohung!“

Droht dein Welpe, wird sein Körper starr, seine Augen ziehen sich zusammen, die Pupillen verengen sich und fixieren unbeweglich den vermeintlichen Gegner. Die Ohren gehen nach hinten.

Dein Welpe richtet sich auf, er macht sich optisch größer. Um den Effekt zu verstärken, stellt sich sein Rückenfell auf. Dein Kleiner bekommt eine „Bürste“.

Seine Schnauze ist geschlossen, bei fortschreitender Drohung zieht er die Nase kraus, seine Zähne werden sichtbar und er knurrt.

Knurrt dein Welpe bei geduckter Körperhaltung, ist er unsicher und möchte sich den Feind lediglich vom Leib halten.

Sonderfall Border Collie: Eine typische, oft fehlinterpretierte Situation. Dein Border Collie legt sich flach auf den Boden und fixiert offenbar jemanden. Er hat die Augen starr auf einen anderen Hund gerichtet, die Ohren zeigen aufmerksam nach vorn. Das ist in dem Fall keine Drohung. Border Collies sind Hütehunde. Der Hüte- und Herdentrieb ist ihnen über Generationen angezüchtet worden. Das ist ihr Hüteblick. Sie beobachten ihre Schäfchen in der Herde und passen auf, dass keines verloren geht. Border Collies sind überaus arbeitseifrig. Wenn gerade keine Schafe da sind, beobachten sie alles, was ihnen vor die Augen kommt. Eine Drohung wird es dann, wenn der Border die Ohren nach hinten/seitwärts legt und er die Maulwinkel nach hinten zieht. Die Pupillen verengen sich und die Augenbrauen gehen bei einer Drohung nach unten.

"Ich schnapp gleich zu!"

Lässt sich der Gegner durch die Drohung weder vertreiben noch unterwirft er sich, wird die Drohung deutlicher. Die Ohren sind flach am Kopf nach hinten gelegt, das Körpergewicht liegt komplett vorn. Das Knurren wird zu einem tiefen Grollen und er zeigt so viele Zähne wie möglich.

Stellt dein Welpe das Knurren in dieser Situation ein, greift er im nächsten Augenblick an.

"Mir geht es nicht gut / Ich habe Schmerzen."

Die meisten Hunde lassen sich Schmerzen nicht anmerken. In der Natur ist ein Tier, das verletzt oder krank ist, eine leichte Beute. Um Räuber nicht auf sich aufmerksam zu machen, vermeiden es Tiere zu zeigen, dass sie krank sind. Du musst deinen Vierbeine aufmerksam beobachten, dann findest du heraus, ob es ihm nicht gut geht.

Dein Hund wird nicht so aktiv sein, wie sonst, er wird dich nicht zum Spielen auffordern. Wahrscheinlich hält er sich länger in seinem Körbchen auf als üblich. Zeigt er auffällige Verhaltensweisen, die du nicht an ihm kennst und bleibt sein Futter im Napf, solltest du einen Tierarzt aufsuchen.

„Ich habe Angst“

Ein ängstlicher Welpe klemmt die Rute zwischen die Hinterbeine. Er macht sich klein, versucht sich zu verstecken. Seine Ohren hat er nach hinten gedreht, die Augen sind weit geöffnet, sein Blick ist starr. Er kann Beschwichtigungssignale zeigen.

Es kann sein, dass dein Welpe, obwohl er Angst hat, Drohgesten zeigt. Ängstliche Hunde, die drohen, verschieben ihr Körpergewicht nach hinten. Die Mundwinkel sind unsicher nach hinten gezogen, trotzdem sind seine Zähne bei geschlossenem Maul sichtbar.

Viele Hunde urinieren, wenn sie Angst haben.

„Ich bin selbstsicher.“

Ein selbstsicherer Welpe nähert sich aufgerichtet, mit entspanntem Körper. Sein Kopf ist erhoben, sein Blick geht ruhig nach vorn, seine Maulwinkel sind nach vorn gezogen, die Eckzähne sind sichtbar. Seine Ohren sind hoch aufgerichtet.

Verhalten wird durch Umweltreize ausgelöst. Daraus kann man folgern:

„Ändert sich die Umwelt - ändert sich das Verhalten!“

Diesen Satz solltest du dir gut merken. Wir werden noch öfter auf ihn zurückkommen.

Die Umwelt ändern bedeutet nicht, dass du umziehen sollst. Zerrt dein Hund im afrikanischen Regenwald an der Leine, tut er das mit Sicherheit in der sibirischen Tundra ebenfalls. Umwelt ist nicht nur die räumliche Umgebung. Umwelt ist alles, was deinen Hund umgibt, sein gesamtes Umfeld. Dazu gehören ebenso Erlebnisse, Erfahrungen, Gefühle. Hat dein Hund gelernt, dass er mit Betteln zum Ziel kommt, wird er weiterhin betteln. Warum auch nicht, es klappt doch. Ändere die Umwelt, reagiere nicht mehr auf sein Betteln. Wenn er die Erfahrung macht, dass der Erfolg ausbleibt, wird er sein Verhalten ändern. Biete ihm stattdessen an, sich einen leckeren Happen zu verdienen. Lass ihn eine kleine Übung machen, z. B. „Sitz“. Nach korrekter Ausführung bekommt er sein Leckerchen. Dein Vierbeiner wird sein Verhalten an die neue Umwelt anpassen. Dieses Verhalten hat ihn zu einem positiven Ergebnis geführt, also wird er es wiederholen.

Du kannst nicht immer wieder das Gleiche tun und ein anderes Ergebnis erwarten. Das funktioniert nicht. Um das Verhalten deiner Fellnase zu ändern, musst du dein Verhalten ändern. Auch ich musste das lernen. Lilly zog bei Spaziergängen an der Flexileine mit allen Kräften, die so ein Dreikäsehoch aufbringen kann. Mich ignorierte sie. Ich gab mir im Gegenzug alle Mühe, sie auf mich aufmerksam zu machen. Ich rief, ich lockte mit zuckersüßer Stimme, mit Leckerchen, mit was auch immer. Es half, allerdings nur für Sekunden, dann war sie wieder weg. Ich war der Meinung, ich mache es richtig und das

wird schon. (Es hatte sich seit Wochen nichts geändert, ich wollte es nur nicht wahrhaben.) Der Trainer in der Hundeschule ging mit uns beiden aus dem Dorf, Lilly an kurzer Leine wie üblich. Draußen in der Deichlandschaft befestigte er an Lilly eine lange Schleppleine. Die kurze Leine kam ab. Hier gab es keinen Verkehr und andere Spaziergänger waren am frühen Vormittag noch nicht unterwegs. Wir waren also ungestört. „Und jetzt gehen wir los, du schaust dich nicht um. Kümmere dich nicht um den Hund!“ So die Anweisung vom Trainer. Mir ging es in dem Moment gar nicht gut. Ich sah meine Lilly im Geiste irgendwo am Horizont verschwinden. Ich werde sie nie wiedersehen, schoss mir durch den Kopf. Na gut, wir gingen los, locker plaudernd. Lilly blieb verwirrt zurück. Kurze Zeit später hörte ich hinter mir Hundepfötchen tapsen. Der Stein, der mir vom Herzen fiel, war gewaltig! Lilly hatte tatsächlich zu uns aufgeschlossen. Wenn sie am Wegrand etwas Interessantes entdeckte, blieb sie kurz zurück. Oder sie musste mal eben einen Kranich anbellen gehen. Aber sie kam immer wieder von selbst zurück. Zu Anfang war sie wegen der neuen Situation unsicher. Das legte sich schnell und entspannt genoss sie diesen Ausflug. Ab sofort gingen wir nur noch mit Schleppleine (für den Notfall) spazieren.

In dieser Stunde haben wir beide viel gelernt. Lilly wusste nun, dass sie auf mich aufpassen muss. Es ist nicht selbstverständlich, dass ich da bin. Sie musste aktiv etwas für meine Aufmerksamkeit tun. Sie musste ihr Verhalten ändern, um sich an die neue Situation (die neue Umwelt) anzupassen. Um ein Gefühl der Befriedigung hervorzurufen, um in meiner Nähe sein zu können. Ich hatte gelernt, dass ich mein Verhalten (die Umwelt) ändern muss. Dann ändert sich auch Lilly. Diese Übungseinheit hat das Problem des an der Leine Ziehens nicht endgültig gelöst. Es war der erste Schritt in die richtige Richtung dahin. Wenn du diese Übung nachmachen möchtest, dann bitte nur in sicher eingezäuntem Gelände.

Verhalten geschieht nie ohne Grund. Hunde wie Menschen reagieren auf ihre Umwelt, um sich Vorteile zu verschaffen. Ist es kalt, liegt dein Hund zusammengerollt im warmen Körbchen. Dort hat er es warm. Im Sommer wenn es heiß ist, wird er lieber lang ausgestreckt auf die kühlen Fliesen im Flur liegen. Er genießt den Vorteil des kühlen Untergrundes.

Gestalte die Umwelt für deinen Hund so, dass er positive Erfahrungen machen kann. Er wird sein Verhalten anpassen, es sich so angenehm machen wie möglich. Unangenehmen Dingen (Er erreicht nicht das gewünschte Ergebnis: Betteln bringt nichts, man wird nicht einfach so mit Aufmerksamkeiten überhäuft.) geht er aus dem Weg.

Verhaltensketten

Eine Verhaltenskette sind zwei oder mehrere Tätigkeiten, die dein Hund immer in der gleichen Reihenfolge hintereinander ausführt. Mit dieser Kette reagiert er entweder auf die Umwelt oder sie führen ihn zu einem gewünschten Ergebnis.

Besonders Terrier zeigen gern folgende Verhaltenskette: Sie sehen ein Spielzeug, laufen hin, nehmen es ins Maul und schütteln es kräftig durch. Sie wurden dazu gezüchtet, Ratten und Mäusen auf dem Hof nachzustellen, sie zu greifen und durch Schütteln zu töten. Diese Kette ist so stark in ihnen fixiert, dass sie aus Mangel an Beutetieren das genetisch bedingte Verhalten an Spielzeugen ausleben. Diese Kette ist im Alltag bedeutungslos geworden. Mal davon abgesehen, dass es lustig aussieht, wenn sich dein Jack Russel seinen Plüschknochen um die Ohren haut.

Eine weitere Verhaltenskette ist das Apportieren. Dein Golden Retriever sieht den Ball fliegen, läuft ihm nach, fängt ihn mit einem Sprung oder sammelt ihn von der Erde auf und bringt ihn zu dir zurück. (Und wartet darauf, dass du ihn wieder wirfst.)

Auf der Jagd nach Wassergeflügel verlässt sich der Jäger auf diese Kette. Nur, dass der Ball jetzt eine geschossene Wildgans ist. Sein Retriever holt sie zuverlässig für ihn aus dem Teich.

Du kannst Verhaltensketten bei deinem Hund aufbauen, sie verändern oder unterbrechen. Wie das geht, erfährst du im praktischen Teil dieses Buches.

Assistenzhunde lernen viele Verhaltensketten. Sie laufen auf Kommando zu einer Schublade, öffnen sie, nehmen einen Gegenstand in die Schnauze (Sie haben vorher gelernt, mit welchem Wort welcher Gegenstand gemeint ist.), tragen ihn vorsichtig und ohne zuzubeißen zu ihrem Menschen und geben den Gegenstand ab.

Lilly hat gelernt, ein Stück Knüllpapier aufzunehmen, im Schnäuzchen zu behalten, zum Papierkorb zu gehen und es hineinfallen zulassen.

Verhaltensketten können auch unerwünscht sein. Bei eurem Spaziergang sieht dein Hund Rehe auf der Wiese stehen. Hat er einen ausgeprägten Jagdinstinkt, läuft Folgendes ab: Er sieht die Rehe, spannt den Körper und rast los. Dein Rufen ignoriert er, alle seine Sinne sind auf die Rehe gerichtet. Manche Hunde richten ihr Jagdverhalten nicht nur auf Rehe und Hasen. Sie hetzen generell allem hinterher, das sich bewegt (Autos, Fahrräder, Jogger). Hast du solch ein Exemplar, weißt du, wie unangenehm das werden kann.

Verhaltensketten kannst du ändern. Je komplexer die Kette, umso schwieriger wird es, sie zu unterbrechen oder in erwünschtes Verhalten umzuwandeln.

Verhalten unterbrechen

Wie du aus Erfahrung kennst, ist dein Vierbeiner erst einmal losgerannt, lässt er sich nicht mehr zurückrufen. Warum sollte er für ein Leckerchen zurückkommen? Das Hetzen macht viel mehr Spaß. Willst du eine Kette unterbrechen, gelingt das am besten, wenn du so früh wie möglich eingreifst. Warte nicht erst, bis deine Fellnase unterwegs ist. Rufe ihn, sowie er die Rehe sieht.

Kommt er, zauberst du, sowie er unterwegs zu dir ist, ein Spielie aus der Tasche. Kurz bevor er bei dir angekommen ist, wirfst du es. Wirf es mit Begeisterung in die den Rehen abgewandte Richtung. Feuere ihn dabei an: „Hols dir", „Lauf". Dann hat er seine Hatz und das Beutetier (Spielie), bekommt er obendrein. Kommt er damit zurück, folgt ein lustiges, ausgelassenes Spiel. Damit hat er seine Bestätigung, sein positives Gefühl. Anschließend geht ihr normal weiter. Die Rehe werden durch den Lärm, den ihr verursacht habt, wahrscheinlich weg sein.

Mit der Zeit kannst du eine neue Verhaltenskette aufbauen: Dein Hund sieht Rehe, er dreht sich um, er läuft zu dir, ihr spielt zusammen. Je nachdem, wie stark der Jagdtrieb bei deinem Hund ist, kann das länger dauern. Hier ist Geduld gefragt.

Manchmal entstehen unerwünschte Verhaltensketten unbeabsichtigt, weil dein Vierbeiner etwas falsch verknüpft. Lilly rannte jedes Mal, wenn jemand vorbeiging, bellend zum Zaun. Das wollte ich ihr abgewöhnen. Deshalb habe ich sie gerufen und wenn sie kam, mit einem Leckerchen belohnt. Nach einigen Versuchen hat sie das verstanden und kam. Mehrere Versuche später musste ich feststellen, dass ihr Gebell nicht, wie erhofft, weniger wurde. Im Gegenteil, es hatte zugenommen. Beim nächsten Mal ließ ich sie bellen. Nach einem Moment drehte sie sich erwartungsvoll um. Mit einem Gesichtsausdruck, der sagen wollte: „Warum rufst du mich nicht und gibst mir mein Leckerchen?". Sie hatte das Leckerchen nicht mit dem Zurückkommen verknüpft. Sie hatte eine Verhaltenskette daraus gemacht.

Meine Fellnase war der Meinung, sie bekommt die Belohnung für das Laufen zum Zaun, Bellen, Gerufen-Werden, Zurückkommen. Ich habe diese Kette unterbrochen, indem ich hingegangen bin und sie kommentarlos vom Zaun weggenommen habe.

Auch Lernen will gelernt sein

Ein Welpe macht schon früh die Erfahrung, dass sein Verhalten Reaktionen in seiner Umwelt auslöst. Diese Reaktionen können entweder angenehm oder unangenehm sein. Durch Versuch und Irrtum findet er das Verhalten heraus, das am erfolgreichsten ist. Lässt bei der Hündin der Milchfluss nach, darf der Nachwuchs nicht mehr einfach so saugen. Kommt ein Racker angehüpft und stürzt sich sofort auf eine Zitze, muss er damit rechnen, dass Mama ihn grob wegschickt. Vielleicht versucht er es wenige Minuten später noch einmal. Jetzt kommt er langsam, macht sich klein, leckt Mama eventuell unterwürfig die Maulwinkel. Schon hat er seine Mutter überredet und darf trinken.

Der Welpe hat sein Verhalten angepasst und Erfolg gehabt. Durch Versuch und Irrtum hat er gelernt, sich richtig zu verhalten. Eventuell sind noch einige Wiederholungen notwendig, bis sich im Gehirn die Neuronen entsprechend neu verbunden haben. Erst dann hat sich das Verhalten gefestigt. Dann hat er gelernt, wie er sich einem Artgenossen respektvoll nähert.

Kannst du dich noch an den Satz von der Umwelt und dem Verhalten aus Kapitel 1 erinnern? Er funktioniert andersherum ebenfalls. Dann heißt er: Ändert sich das Verhalten – ändert sich die Umwelt!

Dein Hund kann sich durch sein Verhalten eine Umwelt „erschaffen", die angenehm für ihn ist, in der Belohnungen auf ihn warten.

Hat er das verstanden, hat er gelernt zu lernen und das Lernen wird ihm Spaß machen.

Welpen und Junghunde lernen neben der Versuch- und-Irrtum-Methode viel durch Beobachtung und Nachahmung. Hirten nehmen die jungen Hunde schon früh mit zur Herde. Dort lernen sie von den älteren Hunden durch einfache Beobachtung, was zu tun ist. Das nimmt dem Hirten viel Ausbildungsarbeit ab.

Völlig entspannt

Am besten lernt man in einer ruhigen Umgebung, wenn man völlig entspannt ist. Das kennst du aus eigener Erfahrung. Deinem Hund geht es nicht anders. Verlagere die Trainingsstunden an einen Ort, an dem ihr möglichst ungestört seid. Deine Fellnase muss sich auf dich konzentrieren können.

Beobachte deinen Hund vor einer Lerneinheit genau. Zeigt er Anzeichen von Verspannung, Unwohlsein, Unbehagen oder gar Angst? Ein selbstbewusster Hund wird dann stocksteif vor dir sitzen, den Blick starr geradeaus gerichtet. Ängstliche Hunde ducken sich, machen sich klein, schauen weg, drehen die Ohren halb nach hinten und klemmen die Rute zwischen ihre Hinterbeine. In solchen Momenten werden die Stresshormone Adrenalin und Noradrenalin freigesetzt. Das Herz rast, der Blutdruck steigt. So kann dein Hund nicht lernen.

Ganz wichtig in so einer Situation ist, dass du selbst entspannt bist. Stehst du unter Zeitdruck und willst nur mal eben schnell eine Übungseinheit mit dem Hund machen? Bist du verärgert, unruhig, fühlst dich überfordert? Dann solltest du die Übungseinheit verschieben. Mach eine Spielstunde daraus oder geh mit deiner Fellnase spazieren. Wenn du nicht entspannt bist, wie soll es dein Hund dann sein? Bist du gestresst, sagst du deiner Fellnase, dass irgendwo eine Gefahr lauert. Er reagiert mit Angst und Unbehagen, spiegelt deine Gefühle wider.

Eventuell lösen frühere schlechte Erfahrungen aus ähnlichen Situationen die Stressreaktion bei deiner Fellnase aus. Hier kannst du mit viel Geduld die negativen Gefühle in positive umwandeln.

Bist du selbst ruhig und entspannt, kannst du deinem Vierbeiner helfen, sein Gleichgewicht zu finden. Macht ein lockeres Spiel, manchmal helfen Kuscheleinheiten. Sei dabei ganz locker. Streich die Sätze: „Nun komm schon, entspann dich." oder „Ich muss dich dazu bringen, dass du dich entspannst." aus deinem Gehirn. Mit solchen Gedanken übst du, wenn auch unbewusst, Druck aus. Deine Fellnase merkt das und wird noch unruhiger.

Habt einfach Spaß zusammen.

Bei einem ängstlichen Hund kannst du eventuell eine Verhaltenskette aufbauen. Zuerst ein Spiel oder Kuscheleinheiten, anschließend eine Lerneinheit, ebenfalls in ein Spiel verpackt, danach ein Spaziergang zur Belohnung. Hier kann deine Fellnase zur Ruhe kommen und das eben Gelernte verarbeiten.

Eventuell hat dein Hund gerade keine Lust auf Lernen. Dann solltest du die Übungen kürzer und abwechslungsreicher gestalten. Manchmal hilft es, wenn du ein oder zwei Schritte im Übungsprogramm zurückgehst. Es kann sein, dass dein Hund die Übung noch nicht richtig verstanden hat und überfordert ist.

Mit positiver & negativer Verstärkung das Verhalten deines Hundes steuern

Dass du das Verhalten deines Hundes beeinflussen kannst, hast du bereits gelernt. Verknüpft dein Vierbeiner sein Verhalten mit einem positiven Ergebnis, wird er es öfter zeigen. Das positive Ergebnis kann je nach Hund anders aussehen. Hast du einen Balljunkie, löst ein fliegender Ball höchste Begeisterung aus.

Für Fressmaschinen sind Leckerchen das Größte. In der Hoffnung auf eben diese Belohnung führt dein Hund das gewünschte Verhalten aus. Das nennt man positive Verstärkung. Positiv bedeutet hier, du fügst dem Hund etwas Angenehmes hinzu (Ball, Leckerchen). Du rufst damit das angenehme Gefühl Freude hervor.

Bei der negativen Verstärkung lernt dein Hund, dass etwas Unangenehmes entfernt wird, wenn er sich richtig verhält (negativ = du nimmst etwas weg). Durch dieses Entfernen erfährt die Fellnase Erleichterung, ein positives Gefühl.

Lilly hat sich immer unmöglich benommen, wenn Besuch kam. Bellen, hochspringen, belagern waren ihre „normalen" Verhaltensweisen. Das ging gar nicht. Als Alternative musste sie, wenn es klingelte, in ihre Box. In der Box lag natürlich ein tolles Leckerchen / Kauknochen bereit. Das war erst einmal eine positive Verstärkung fürs Reingehen. Bei den ersten Versuchen blieb das Leckerchen vor lauter Aufregung unbeachtet. Es hat eine Weile gedauert, aber Geduld hat sich auch hier ausgezahlt.

Freunde und Familie hatte ich informiert, dass es in Zukunft etwas länger dauern würde, bis ich die Tür öffne. Erst musste Lilly in die Box.

Hatte sich mein Aufgeregtwusel beruhigt, durfte sie wieder aus der Box raus. Sie durfte den Besuch gesittet begrüßen, sich streicheln lassen und die mitgebrachten Leckerchen fressen. Das Herauslassen aus der Box war hier die negative Bestätigung. Die unangenehme Box, die unangenehme Entfernung vom Geschehen, wurden entfernt.

Dieses Verhalten, das In-die-Box-Gehen, wenn es klingelt, hat sich nach einer Weile gefestigt. Sie verschwand von selbst darin, sowie es läutete. 2 bis 3 Jahre später, brauchte ich die Tür der Box nicht mehr zu schließen. Sie saß drin und blieb drin, bis ich sie herausrief.

Manchmal wird dein Hund Verhaltensweisen zeigen, die du nicht tolerieren kannst. Du musst ihm mitteilen, dass er dieses Verhalten nicht zeigen soll. Eine Möglichkeit besteht darin, dieses Verhalten zu ignorieren. Erfolgt keine Belohnung in Form von Spiel, Futter oder Aufmerksamkeit, wird dein Vierbeiner das Verhalten nicht mehr zeigen.

Bei einigen Verhaltensweisen genügt das nicht. Funktioniert bei deinem Welpen die Beißhemmung nicht, musst du aktiv werden. Ignorierst du es, dass dein Racker dich im Spiel beißt, findet der Kleine sein Verhalten in Ordnung und beißt dich weiter. Solange er noch klein ist, ist das vielleicht lustig. Bei einem ausgewachsenen Labrador ist es das mit Sicherheit nicht mehr.

Hier greift die negative Bestrafung. Negativ heißt wieder, du nimmst ihm etwas weg, etwas, das er mag. In diesem Fall ist es deine Aufmerksamkeit. Beißt dein Kleiner ungehemmt zu, beendest du sofort das Spiel. Dein Welpe ist enttäuscht. Ein negatives Gefühl, dass er zu vermeiden sucht.

Der Vollständigkeit wegen soll die 4. Form der Einflussnahme ebenfalls erwähnt werden. Es ist die positive Bestrafung. Positiv heißt wieder, du fügst etwas zu, jetzt etwas Negatives. Das können Stromstöße, Spray, Leinenrucke oder gar Schläge sein. Der Hund erleidet Schmerzen und Angst, er fühlt sich in höchstem Maße unwohl. Überflüssig zu sagen, dass so etwas nicht in die Hundeausbildung gehört.

Verstärker helfen dir, deinem Hund zu sagen (zu bestätigen), dass sein Verhalten richtig ist.

Primäre Verstärker befriedigen bei deinem Hund die Grundbedürfnisse Futter, Wasser, Wärme, Sozialkontakt, Bewegung usw. Lob, Leckerchen, Spielen, Toben mit dem Hundekumpel verbindet dein Vierbeiner direkt mit seinem Verhalten. Es wird verstärkt.

Sekundäre Verstärker kündigen eine Belohnung an. Der sekundäre Verstärker selbst, ist für den Hund zu Anfang ohne Bedeutung. Das Geräusch des Clickers oder ein Lobwort sind für deinen Hund anfangs belanglose Hintergrundgeräusche. Er muss deren Bedeutung erst lernen. Das nennt man Konditionierung.

Am leichtesten und schnellsten lernt ein Hund im Alter von 7 bis 14 Wochen. Was er jetzt lernt, prägt er sich für sein ganzes Leben ein. Das kann positiv, aber auch negativ sein. Erfährt der Welpe während dieser Phase etwas Negatives, kann es sein gesamtes Leben prägen.

Mit zunehmendem Alter lässt die Lernfähigkeit nach. Das heißt nicht, dass ältere Hunde nichts mehr lernen können. Im Gegenteil, bei ihnen dauert es nur etwas länger. Gerade für in die Jahre gekommene Hunde ist es wichtig, neue Erfahrungen zu machen, ihr Gehirn zu stimulieren.

Es gibt Hunde, die sind ständig aktiv, ständig bereit für Spaß, Sport, Spiel und Trainingseinheiten. Terrier, Border Collies oder Pudel gehören dazu. Sie können nicht genug bekommen, du musst teilweise bremsen. Sie sind hochmotiviert. Andere tun sich manchmal schwer, das Körbchen zu verlassen.

Mit der richtigen Motivation kannst du bei diesen Vierbeinern die Stimmung ändern, sie zum Mitmachen bewegen.

Gut motivierte Hunde lassen sich wesentlich besser trainieren. Sie sind konzentrierter und machen mit Begeisterung mit.

Gib deinem Hund mindestens einen guten Grund, um beim Training mitzumachen. Baue eine Erwartungshaltung auf. Weiß deine Fellnase, dass es gleich Spaß und etwas Leckeres zu fressen gibt, wird er sein Körbchen gern verlassen, wenn du die Trainingssachen hervorholst. Positive Verstärkung ist eine gute Motivation.

Überlege dir, warum du jeden Tag zur Arbeit fährst. Weil du deinen Chef gern hast oder weil dir bestätigt wird, dass du deine Arbeit gut machst und du Geld dafür bekommst?

Auf das richtige Timing kommt es an

Dein Hund hat gelernt, dass auf erwünschtes Verhalten eine Belohnung, ein Verstärker, folgt. Damit du das richtige Verhalten verstärkst, hast du 0,5 bis 1 Sekunde nach dem gezeigten Verhalten Zeit. Kommt die Belohnung später, kann es sein, dass dein Vierbeiner ein ganz anderes Verhalten damit in Verbindung bringt.

Du solltest dich beim Training voll auf deinen Vierbeiner konzentrieren. Andernfalls bist du zu langsam. Anfänger unterschätzen diese Tatsache oft und machen es ihren Hunden unnötig schwer.

Eine kleine Trockenübung: Du brauchst einen Clicker, einen Tennisball und eine zweite Person. Dein Hund sollte außer Hörweite sein. Hört er den Click erwartet er eine Belohnung. Bitte deinen Helfer, den Tennisball auf den Boden fallen zu lassen. Genau in dem Moment, in dem er auf dem Boden auftrifft, clickst du. Dein Helfer passt auf, ob du richtig liegst. Du suchst nach mehr Herausforderung? Dann bitte deinen Helfer, den Ball nach oben zu werfen. Jetzt clickst du, wenn er seinen höchsten Punkt erreicht hat.

Die Art der Bestätigung hat großen Einfluss auf das Lernergebnis. Den größten Erfolg erzielst du, wenn du deinem Hund genau die Bestätigung bietest, die er am liebsten mag. Es muss nicht jeden Tag die gleiche Belohnung sein, du kannst variieren. Das ist viel spannender für die Fellnase. Gibt es heute Würstchen, gekaufte Leckerchen oder gehen wir nach dem Training baden?

Was es wohl heute gibt?

Eine neue Übung musst du jedes Mal hochwertig bestätigen. Normales Trockenfutter reicht da nicht, es müssen schon Würstchen, Käse oder hartgekochte Eier sein. Am besten, du schneidest das Futter vorher in schnauzengerechte Stückchen. Gib es nach jedem korrekt ausgeführten Schritt.

Beherrscht dein Hund die Übung, kannst du herunterfahren. Gute gekaufte Leckerchen der Lieblingssorte sind dann eine gute Wahl. Du musst sie nicht mehr jedes Mal geben. Auch hier kannst du variieren. Mal bekommt dein Vierbeiner jedes zweite Mal, dann jedes vierte, dann jedes dritte Mal seine Bestätigung. Auch das erhöht die Spannung und Erwartungshaltung.

Ist die Übung ein alter Hut, genügt Trockenfutter. Du solltest nie ganz aufhören, eine Übung zu bestätigen. Warum soll dein Hund sie dann noch ausführen? Das positive Ergebnis ist nicht mehr gegeben.

Genau das ist mir mit Lilly passiert, als wir für die Begleithundeprüfung geübt haben. Übungen, die sie konnte, habe ich nicht mehr belohnt. Ich war der Meinung, sie kann es. Es war für mich selbst-

verständlich, dass sie das gewünschte Verhalten zeigt. Lilly sah das anders. Wozu sollte sie bei Fuß gehen? Es gab so viel Interessantes auf der Wiese zu beschnüffeln!

Wiederholen, wiederholen, wiederholen

Damit sich deine Fellnase die eben gelernte Übung einprägt, sind viele Wiederholungen notwendig. Nur nach ausreichend vielen Wiederholungen verknüpfen sich die Neuronen im Gehirn entsprechend. Erst dann hat sich dein Hund die Übung wirklich gemerkt.

Die Kunst liegt darin zu wiederholen, ohne dass es deinem Hund langweilig wird. Zehnmal hintereinander „Sitz" machen, langweilt deinen Vierbeiner. Er schaltet ab und der Lernerfolg ist dahin. Lass ihn zwei- bis dreimal sitzen und mach mit einer anderen Übung weiter. Anschließend macht er gern noch einmal „Sitz".

Viele kleine Schritte

Baue die Übungen schrittweise auf. Dann kann dein Vierbeiner besser nachvollziehen, was du von ihm möchtest.

Dein Hund soll lernen, an lockerer Leine neben dir zu gehen. Das weiß er nicht und überall anders ist es interessanter als bei dir. Belohne zu Anfang, wenn er in der richtigen Position neben dir steht. Dann, wenn er die Position einen Schritt hält. Dann kommen der zweite und der dritte Schritt dazu. Belohne jeden Zwischenschritt. Mach mit der Übung erst weiter, wenn dein Hund den betreffenden Zwischenschritt verstanden hat.

Dann kannst du zehn bis zwanzig Schritte gehen usw.

Lieber kurz, dafür öfter trainieren

Halte die Trainingseinheiten kurz. Übe lieber mehrmals am Tag für 5 Minuten als einmal eine halbe Stunde. Bei Welpen reichen schon 1 bis 2 Minuten. Länger können sie sich noch nicht konzentrieren. Beobachte deinen Hund. Wenn du merkst, er verliert die Lust oder ist unkonzentriert, beende das Training. In diesem Zustand kann er nicht optimal lernen. Lernen soll Spaß machen. Unternehmt zusammen einen entspannenden Spaziergang.

Deine Rolle als Trainer

Als Trainer hast du eine verantwortungsvolle Aufgabe. Bereite die Übungseinheiten gründlich vor. Was soll dein Hund lernen? In welche Lernschritte willst du die Übung unterteilen? Überlege dir, wie du die Übungen aufbaust. Gestalte das Training so, dass deine Fellnase keine Chance hat, Fehler zu machen. Fehler zu machen, bedeutet Frustration und das macht keinen Spaß.

Achte darauf, dass du eindeutige und klare Kommandos gibst. Dein Hund achtet nicht nur auf deine Stimme. Er nimmt jede Bewegung deines Körpers wahr. Hunde sind Meister darin, Körpersprache zu lesen.

Dein Hund lernt am schnellsten, wenn du ruhig, besonnen und geduldig bist. Zeige ihm, dass dir eure gemeinsame Beschäftigung Spaß macht. Lass die Übungen für ihn wie ein Spiel aussehen. Sei liebevoll, aber konsequent.

Wenn du falsch ausgeführte Übungen belohnst, oder deinem Hund einfach so ein Leckerchen in die Schnauze schiebst, weil er gerade süß guckt, warum soll er sich dann Mühe geben?

Grundlagen des Clickertrainings

Der Clicker ist ein sekundärer Verstärker. Der Clicker selbst, bzw. das Clickgeräusch ist keine Belohnung. Es kündigt die folgende Belohnung an. Der Click ist ein Versprechen auf eine Belohnung.

Die Belohnung nach dem Click muss immer kommen. Das darfst du nie vergessen.

Ein Click und die Belohnung gehören zusammen.

Der Clicker funktioniert nur zusammen mit dieser nachfolgenden Belohnung. Lässt du die Belohnung weg, verliert das Clickgeräusch für deinen Hund wieder an Bedeutung. Er beachtet es nicht mehr.

Welchen Clicker soll ich nehmen?

Der Handel bietet inzwischen eine Vielzahl an verschiedenen Clickermodellen an. Da gibt es welche mit Knopf oder Taste, bei anderen drückst du ganz einfach auf den clickenden Blechstreifen. Einige hängst du dir um den Hals, dann gibt es Modelle fürs Handgelenk, wieder andere steckst du dir wie einen Ring an den Finger. Allen gemeinsam ist das Geräusch, das sie beim Auslösen von sich geben. Jeder Clicker hört sich ein wenig anders an. Das ist kein Problem, hat dein Hund das Prinzip verstanden, sind ihm solche Unterschiede egal.

Das Clickertrining funktioniert mit all diesen Modellen. Welches du bevorzugst, bleibt deinem Geschmack überlassen. Probiere einfach aus, welcher Clicker für dich am besten funktioniert.

Vorteile des Clickers

Mit dem Clicker kannst du deinem Hund eindeutig mitteilen, dass sein Verhalten richtig ist. Zeigt er unerwünschtes Verhalten, ignorierst du es. Du arbeitest ausschließlich mit positiver Verstärkung.

Dein Hund kann sich über Versuch und Irrtum neue Übungen selbst erarbeiten. Das macht ihm einen Heidenspaß und prägt sich gut ein.

Mit dem Clicker hilfst du deiner Fellnase schonend, unerwünschtes Verhalten abzulegen. Er lernt alternativ positive Verhaltensweisen.

Der Click klingt immer gleich. Das schaffst du mit deiner Stimme nicht. Du bist mal fröhlich, mal traurig oder du bist in Eile und ungeduldig. Das hört dein Hund genau. Er wird unsicher, ob du meinst, was du sagst. Der Clicker gibt Beständigkeit und Sicherheit. Beide sind wichtig zum Lernen.

Mit dem Clicker schaffst du es, sofort zu bestätigen. Du weißt, du hast nur 0,5 bis 1 Sekunde nach dem Verhalten Zeit. Zum Clicken reicht das aus. Hast du das Leckerchen auch so schnell parat?

Manchmal möchtest du deine Fellnase aus der Entfernung bestätigen. Den Clicker hört er, selbst wenn er in 5 m Entfernung sitzt. Er kann entspannt sitzen bleiben und warten, bis du mit der Belohnung da bist. Er weiß, er bekommt sie. Ohne Click ist er wahrscheinlich aufgestanden und kommt dir entgegen, bevor du mit dem Leckerchen in der Hand ankommst. Mit dem Click hast du präzise das Sitzen belohnt. Gibst du deinem Hund, der dir schon ungeduldig entgegenkommt, jetzt seine Belohnung, führt das zu einem Missverständnis. Du glaubst, du belohnst ihn für das Sitzen. Dein Hund ist da anderer Meinung. Seiner Meinung nach hat er das Leckerchen bekommen, weil er aufgestanden und zu dir gelaufen ist. Mit dem Sitzen hatte das für ihn nichts zu tun.

Der „Clickerhund“ wird das nächste Mal ebenfalls sitzen und warten. Warum sollte der andere Hund sitzen oder gar warten? Er verbindet kein positives Ergebnis damit.

Wie und warum funktioniert der Clicker?

1905 erforschte der russische Mediziner Iwan Petrowitsch Pawlow den Zusammenhang zwischen Speichelfluss und Verdauung. Die Hunde begannen zu speicheln, wenn sie Futter bekamen. Dann ließ er vor dem Füttern seiner Hunde ein Glöckchen erklingen. Schon bald verbanden die Hunde das Glöckchen mit der bevorstehenden Fütterung. Sie fingen an Speichel abzusondern, obwohl noch kein Futter zu sehen war. Das Glöckchen hatte vor dem Experiment keinerlei Bedeutung für die Hunde. Erst nachdem sie das Klingeln des Glöckchens mit der bevorstehenden Fütterung verknüpft hatten, wurde der Reflex (Speichelfluss) ausgelöst. Die Hunde hatten gelernt, nach dem Glöckchen gibt es Futter.

Das ist die Grundlage des Clickertrainings. Dein Hund lernt als Erstes, dass auf das Clickgeräusch eine Belohnung folgt. Wie diese aussieht, ist egal. Es kann Futter sein, ein Spielzeug oder etwas anderes. Diesen Vorgang nennt man Konditionierung. Bei der Konditionierung verknüpft dein Vierbeiner, dass dem Geräusch des Clickers etwas Angenehmes folgt.

Das ist der 1. Schritt.

Wie kommt dein Hund nun zu vielen Clicks? Im 2. Schritt lernt er, dass er sich Clicks (= Belohnungen) verdienen kann. Er muss etwas dafür tun, aber was? Das muss er selbst herausfinden.

Er lernt, dass es von seinem Verhalten abhängt, ob ein Click folgt oder nicht. Sein Verhalten hat Konsequenzen. Er hat die Möglichkeit, sein Verhalten durch Versuch und Irrtum anzupassen. Positives Verhalten führt zu einer positiven Bestätigung, schlechtes Verhalten wird ignoriert. Das ist Schritt 3.

Hat dein Hund das verstanden, hast du gewonnen. Er wird mit Feuereifer alles Mögliche ausprobieren, um an Clicks zu kommen. Die bekommt er natürlich nur für Verhalten, das du haben möchtest.

Schritt 1: Wie fange ich an?

Der erste Schritt ist einfach. Du bereitest ein Schälchen mit seinen absoluten Lieblingsleckerchen vor. Nimmt dein Hund schlecht Futter beim Training, bewaffnest du dich mit seinem Lieblingsspielzeug.

Das Futter sollte weich und leicht zu schlucken sein. Würstchen oder Käse sind ideal. Schneide es in schnauzengerechte Häppchen.

Setz dich ganz entspannt in einen Sessel oder Gartenstuhl. Die Schüssel mit den Leckerchen steht direkt neben dir. In der anderen Hand hast du den Clicker. Dein Hund wird die Leckerchen riechen und sich ganz von allein zu dir gesellen.

Am besten, du nimmst das erste Leckerchen schon in die Hand. Jetzt kommt der erste Click, sofort danach schiebst du deiner Fellnase das Leckerchen in die Schnauze, bzw. spielst mit ihm. Das wiederholst du mehrere Male.

Am nächsten Tag machst du weiter. Wieder ein Click, gefolgt von einem Leckerchen. Achte darauf, dass du das Leckerchen schnell genug gibst, nur dann funktioniert die Verknüpfung.

Mit dieser Übung machst du, über mehrere Tage verteilt, weiter. Deiner Fellnase wird das gefallen. Irgendwann wird er die Leckerchenschüssel ignorieren. Er wird sich voll auf deine Hand mit dem Clicker konzentrieren. Dann hat er es verstanden. Der Weg zum Leckerchen führt über den Clicker. Das Clickgeräusch ist das Schönste auf der Welt! Dann gibt es Leckerchen! Die Verknüpfung in seinem Gehirn hat stattgefunden. Dein Hund ist jetzt auf den Clicker konditioniert.

Wie lange das dauert, hängt von vielen Faktoren ab. Manche Hunde lernen schneller als andere. Eventuell hat dein Hund schlechte Erfahrungen gemacht und ist misstrauisch allem Neuen gegenüber. Bei älteren Hunden dauert es oft länger, bis sie verstanden haben. Haben sie dann Erfolg, freuen sich gerade ältere Tiere besonders intensiv.

Lass deinem Hund Zeit, in seinem Tempo zu lernen. Es kommt nicht darauf an, wie lange es dauert. Wichtig ist, dass er es versteht und dass ihr eine schöne gemeinsame Zeit des Lernens habt. Es ergibt keinen Sinn, zu Schritt 2 zu gehen, wenn deine Fellnase Schritt 1 noch nicht verinnerlicht hat.

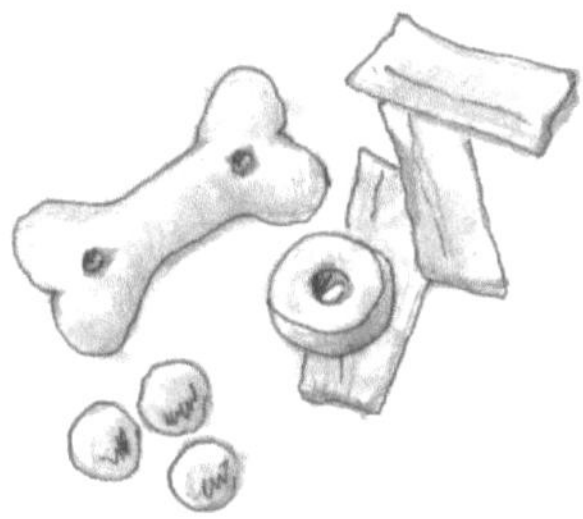

Schritt 2:
Clicks muss man sich verdienen!

Bis jetzt hat dein Hund die leckeren Sachen einfach so bekommen. Damit ist nun Schluss.

Für diesen Schritt brauchst du Geduld und deine Fellnase Durchhaltevermögen.

Den nächsten Click, das nächste Leckerchen muss sich dein Hund verdienen. Er muss etwas tun, was, ist im Moment völlig egal. Wichtig ist hierbei, dass dein Hund von sich aus etwas tut. Du darfst in dieser Phase des Trainings kein Verhalten von ihm einfordern. Verlange jetzt nicht „Sitz“ oder ähnliches. Du tust erst einmal gar nichts, wirklich nichts. Außer, dass du deinen Hund ganz genau beobachtest. Dabei sitzt du ganz entspannt in deinem Sessel.

Er wird sich wundern und auf seine Leckerchen warten, genau wie meine Lilly. Die kamen aber nicht. Das ist merkwürdig, das hat doch die letzten Tage geklappt. (Dieser Gedanke stand ganz deutlich in ihren Augen.) Ich sitze da, Leckerchen sind da, der Clicker ist da. Den hatte sie schon längst in meiner Hand gesehen. Lilly saß vor mir und schaute mich an. Ich schaute sie an.

Clicks muss man sich verdienen.

Ein heimlicher Beobachter hätte die Situation wahrscheinlich merkwürdig gefunden. Das dauerte einige Minuten. (Hier kommt deine Geduld ins Spiel. Warte ab. Auch, wenn es schwerfällt.)

Nach einer gefühlten Ewigkeit – da, ein schneller, kurzer Blick zu Seite. Hätte ich nicht so genau auf sie geachtet, wäre er mir entgangen. Sofort, wirklich sofort, noch bevor ihr Blick wieder zu mir ging, kam der langersehnte Click und das Leckerchen.

Anschließend warteten wir wieder. Dieses Mal nicht mehr ganz so lange. Wieder war es ein Blick zur Seite, wieder kam der Click. Daraufhin fing bei meinem kleinen Pfiffikus das Gehirn an zu arbeiten. Blick zur Seite – Click – Leckerchen, Blick zur Seite – Click – Leckerchen, so ging das ein paar Mal.

In der nächsten Trainingseinheit brauchte ich nicht zu warten. Lilly schaute gleich erwartungsvoll zur Seite. Sie bekam noch einmal ihren Click. Ihr Blick ging natürlich gleich wieder zur Seite, gestern hatte es funktioniert. Ja meine liebe Lilly, das war gestern, heute musst du dir etwas Neues einfallen lassen. Es kam kein Click. Lilly war sichtlich enttäuscht. Noch ein Seitenblick, wieder kam nichts. Na ja, dachte sie wohl, mal überlegen. Am besten ich setze mich dazu hin. Click! Oh, was war das? Begeisterung brach aus! Und schon saß sie wieder, mich erwartungsvoll anschauend. Auch in der zweiten Übungseinheit heißt es für dich abwarten. Meistens dauert es jetzt nicht mehr so lange, wie in der ersten Übungsstunde.

Nachdem sie sich einige Male hingesetzt hatte, gab es auch dafür keinen Click mehr. Sie musste sich wieder etwas Neues einfallen lassen. Jetzt war es ein Schritt zur Seite.

Lass deinen Hund kreativ werden. Dieses Spiel spielt ihr so lange, bis deine Fellnase verstanden hat, dass er sich einen Click verdienen muss. Clicks und dazugehörende Belohnungen fallen nicht einfach vom Himmel. Er muss selbst aktiv werden.

In dieser Phase lernt er, dass er durch sein Verhalten seine Umwelt beeinflussen kann. Er selbst kann mit seinem Verhalten dazu beitragen, dass er positive Bestärkungen erhält. Das ist ein lukratives Angebot, das dein Hund gern annehmen wird.

Trainingstipps

Nicht alle Hunde schauen als Erstes zur Seite, einige setzen oder legen sich hin, andere heben ein Vorderbein kurz hoch. Haben sie gesessen, stehen sie auf usw. Was speziell deine Fellnase anbietet, wirst du sehen. Du musst nur aufpassen, dass dein Click sofort kommt. Bei Lilly musste ich sofort clicken, als sich ihr Kopf begann zur Seite zu drehen.

Auf das Timing kommt es an.

Hätte ich gewartet, bis sie mich wieder ansah, hätte es nicht funktioniert. Es wäre ihr dann schwergefallen, den Zusammenhang zwischen ihrem Seitenblick und dem Click herzustellen.

In dieser Situation bist du voll gefordert. Du musst warten, bis dein Hund eine Aktion zeigt. Das kann langweilig sein. Trotzdem musst du ihn konzentriert, aber entspannt, beobachten. Bist du verspannt, verspannt sich dein Hund ebenfalls. Lass nicht den Eindruck entstehen, dass du etwas von deinem Hund willst. Das erzeugt Stress. Deine Augen werden locker und dein Blick wird weich. Trotz aller Entspannung: Bei der geringsten Regung deines Hundes reagierst du mit einem Click. Je schneller deine Reaktion erfolgt, umso besser. Umso schneller wird dein Hund seine Aktion mit dem Click verbinden. Übrigens: Computerspiele helfen dir, deine Reaktionsgeschwindigkeit zu verbessern.

Dein Hund muss in der ersten Stunde nicht jedes Mal das Gleiche anbieten. Es kann sein, dass er sich einmal hinsetzt, das nächste Mal hinlegt oder zur Seite schaut. Das ist egal. Clicke jede Aktion an. In der zweiten Übungsstunde ist das anders. Da solltest du immer das gleiche Verhalten bestätigen.

Bei manchen Hunden dauert es sehr lange, bis sie sich zu einer Aktion durchringen. Dir bleibt nur abzuwarten. Klappt es innerhalb von 15 bis 20 Minuten nicht, brich die Übungsstunde ab und versuch es am nächsten Tag wieder. Andernfalls wird dein Hund zu sehr frustriert. Gib ihm Zeit. Über Nacht kann er die Übung verarbeiten. Am nächsten Tag funktioniert es. Falls nicht, geh wieder zu Schritt 1 zurück, dann ist er noch nicht so weit.

In dieser Situation ergibt es keinen Sinn, das Training fortzusetzen. Lass es, mach auch keine anderen Übungen mehr. Du weißt sicherlich, dass du das Training für deinen Hund immer positiv beenden solltest. Das ist richtig. Viele Trainer sind der Meinung, dass du nach einer misslungenen Übung noch eine Übung anhängen musst, die dein Hund sicher kann. Eben wegen des positiven Abschlusses. Das trifft auch teilweise zu, im vorliegenden Fall nicht. Dein Hund steht massiv unter Stress, weil er nicht versteht, was du von ihm willst. Sein Gehirn arbeitet auf Hochtouren. Er möchte es richtig machen, möchte dir gefallen, möchte die Belohnung. Aber er schafft es nicht, er ist überfordert. Er ist emotional tief im Negativen. Beendest du ganz ru-

hig die Übung, nimmst du den Stress von ihm weg. Er kommt wieder ins Positive. Geht spazieren, dabei könnt ihr beide entspannen. Dein Hund kann in Ruhe das Training reflektieren, seine Welt ist wieder in Ordnung. Nichts stört seine Gedankengänge. Hättest du noch eine andere, abschließende Übung von ihm gefordert, wäre das negative Gefühl, es nicht geschafft zu haben, geblieben. Durch den neutralen Abbruch bleibt ihm dieses Gefühl erspart. Eine kleine Denkpause hilft in einer solchen Situation oft. Das kennst du von dir selbst. Du grübelst intensiv darüber nach, wie du endlich dieses verflixte Garagentor überreden kannst, zu funktionieren. Nichts klappt, irgendwie klemmt es. Du gibst auf. Dann, Stunden oder Tage später beim Einkaufen, fällt dir die Lösung ganz plötzlich ein. Und sie ist ganz simpel. Eventuell geht es deiner Fellnase ebenso und beim nächsten Training klappt die Übung auf Anhieb. Nun stell dir noch deinen Nachbarn vor, wie er dir hämisch grinsend über den Gartenzaun zuschaut. Eventuell kommt noch ein dummer Spruch von ihm, weil das Garagentor immer noch klemmt. Dann ärgerst du dich später beim Einkaufen nur über den Nachbarn. Eine Lösung für dein Problem fällt dir nicht ein. Es hilft dir auch nicht, wenn du zwischendurch den Reifen an deinem Fahrrad geflickt hast. Du ärgerst dich nur über das immer noch nicht funktionierende Tor und deinen Nachbarn.

Eventuell hast du einen ängstlichen Hund, der zuerst seine Schüchternheit überwinden muss. Dann gib ihm die Zeit dazu. Hunde, die eine unschöne Vergangenheit hatten, brauchen ebenfalls länger. Gerade für diese beiden Hunde ist das Clickertraining ideal. Der Click stärkt ihr Selbstvertrauen. Sie selbst haben etwas geschafft, sie haben ihre Umwelt beeinflusst. Und sie haben es richtig gemacht, sie sind positiv bestärkt worden.

Eine Belohnung ist viel schöner, wenn du sie dir hart erarbeiten musstest.

Schritt 3: Verhalten anbieten

Bis jetzt durfte sich dein Hund aussuchen, was er für einen Click tut. Der nächste Schritt im Clickertraining besteht darin, deinen Hund etwas tun zu lassen, das du möchtest. Schließlich trainierst du mit ihm, um sein Verhalten zu formen und anzupassen. Beginne mit belanglosen Übungen. Ihr seid beide Clickeranfänger. Nicht nur dein Hund auch du musst Erfahrungen im Umgang mit Timing, Clicker und Belohnungen sammeln. Überlege dir bereits im Vorfeld, was dein Hund tun soll. Beginne mit einfachen, kleinen Tricks. Dein Vierbeiner muss sich mit der neuen Situation erst vertraut machen. Du machst es ihm leichter, wenn du ihm ein bestimmtes Verhalten anbietest. Leite ihn Schritt für Schritt zum gewünschten Ergebnis.

Erste Übung mit einem Targetstick

Ein Targetstick kann eine Fliegenklatsche, ein Kochlöffel oder ähnliches sein. Ideal ist es, wenn das breite Ende farblich abgesetzt ist. Ist das nicht der Fall, kannst du es mit farbigem Klebeband oder Isolierband umwickeln. Ziel der Übung ist, dass dein Hund das breite Ende mit der Nase berührt.

Halte den Targetstick hinter deinem Rücken versteckt. Den Clicker hast du ebenfalls in dieser Hand. In der anderen Hand hältst du das Leckerchen griffbereit. Zeige deiner Fellnase den Targetstick. Das erregt mit Sicherheit seine Aufmerksamkeit. Hunde erkunden ihre Welt hauptsächlich mit der Nase. Dein Hund wird also seine Nase in Richtung Stick bewegen. Sofort kommt dein Click. Während er seine Belohnung frisst, lässt du den Stick wieder hinter deinem Rücken verschwinden. Nach einigen Wiederholungen sollte dein Hund verstanden haben, dass seine Nase an den Targetstick „gehört“.

Aus dem Targetstick wird ein Bodentarget

Der englische Begriff „Target“ heißt übersetzt „Ziel“ und hat sich auch bei uns für diese Art des Trainings eingebürgert. Targettraining ist Grundlage für viele Übungen.

Bei Pfotenberührung clickst du

Jetzt soll deine Fellnase das Target nicht mehr mit der Nase, sondern mit der Pfote berühren. Lege dein Target, einen Plastikdeckel, ein Stück Teppich, eine kleine Decke oder ein Stück Pappe auf den Boden. Fast alles kann ein Target sein. Es ist einfacher, wenn das Target zu Beginn auf dem Boden liegt, später kann es an einer Wand oder wo auch immer kleben. Dazu kommen wir später. Dein Hund hat das Target direkt vor sich. Es ist ein Angebot von dir, dass er sich Clicks verdienen kann. Das seltsame Teil vor ihm, zieht seine Nase magisch an. Clicke für das gezeigte Interesse. Belohne mehrmals, wenn er sich für das Target interessiert. Hat er verstanden, dass es heute um dieses Ding geht, hörst du auf, einfaches Interesse oder Berühren mit der Schnauze zu clicken. Er wird es weiter versuchen und auf seinen Click warten. Kommt der nicht, setzen fast alle Hunde als Nächstes die Pfote zum Untersuchen des Targets ein.

Eventuell tritt dein Hund zufällig auf das Target. In beiden Fällen kommt sofort der Click. Du clickst jedes Mal, wenn dein Vierbeiner das Target mit der Pfote berührt.

Nimmt deine Fellnase gern alles, was er findet in die Schnauze? Passiert das mit dem Target, tausche den Plastikdeckel gegen eine Untertasse oder Teller aus Keramik/Porzellan aus. Das kalte glatte Zeug mögen Hunde nicht im Maul haben.

Der Hocker

Du möchtest, dass dein Hund auf einem niedrigen Hocker steht (Eine große, umgedrehte Schüssel geht ebenfalls.). Diese Aufgabe ist komplexer. Unterteile die Übung deshalb in möglichst viele kleine Schritte. Umso schneller hat dein Hund ein Erfolgserlebnis.

Als ersten muss der Hocker da sein. Dein Hund muss ihn sehen können. Er muss hingehen und sich für das Teil interessieren. Das wird er mit Sicherheit tun, er ist neugierig. Der Hocker ist dein Angebot an deinen Hund. Er wird in dieser Übung lernen, dein Angebot anzunehmen. Weil es für ihn ein positives Ergebnis hat, wenn er es tut. Dieser Hocker ist interessanter, wenn vorher im Trainingsbereich kein Hocker war. War der Hocker schon immer da, ist er ein alter Hut und deine Fellnase wird ihn ignorieren. Mache es deinem Hund so einfach wie möglich. Geh mit ihm an einen Platz, an dem vorher kein Hocker stand.

Die nächsten Schritte könnten sein, dass dein Hund erst ein, dann zwei Vorderbeine auf den Hocker stellt. Es ist möglich, dass deine Fellnase pfiffig ist und gleich komplett auf den Hocker springt. Tut er sich schwer, eine Pfote auf den Hocker zu setzen? Dann ist der nächs-

te Schritt für ihn, dass er oben auf den Hocker schaut. Damit lenkst du seine Aufmerksamkeit nach oben. Hier musst du gegebenenfalls improvisieren und dich nach deinem Hund richten.

Der Plan wird umgesetzt: Der Hocker steht bereit. Du kommst mit deinem Hund dazu. Warte ab, was passiert. Wahrscheinlich wird deine Fellnase zum Hocker laufen um zu schauen, was da plötzlich steht. Du folgst ihm mit ein wenig Abstand. Ist er angekommen und beginnt am Hocker zu schnüffeln oder was auch immer, clickst du. Er wird sich umdrehen, um seine Belohnung in Empfang zu nehmen. Wendet er sich anschließend wieder dem Hocker zu, clickst du erneut. Das wiederholst du mehrmals. Bis du dir sicher bist, dass er verstanden hat: Heute geht es um den Hocker. Der Hocker ist spannend und toll.

Eventuell zeigt dein Vierbeiner keine Ambitionen, sich in Richtung Hocker in Bewegung zu setzen. Dann mache den eigentlich langweiligen Hocker interessant.

Mach den Hocker interessant!

Geh hin, sieh ihn dir genau von allen Seiten an, beuge dich runter, betaste ihn, usw. Kommt er jetzt, bekommt er seinen Click und eine extra große Belohnung. Die extra Belohnung erhöht die Motivation und du machst diesen Hocker spannend. Danach geht es wie oben beschrieben weiter, mit normal großer Belohnung.

Kommt deine Fellnase immer noch nicht, hilf ihm, sein Desinteresse oder seine Schüchternheit zu überwinden. Dreht er sich auch nur ansatzweise in Richtung Hocker, clickst du. Selbst, wenn er nur den Kopf ein wenig in die richtige Richtung bewegt. Dem Click folgt auch hier eine Superbelohnung. Manche Hunde brauchen etwas mehr Motivation. Geh langsam vor. Clicke jeden winzigen Schritt. Ihr müsst die Übung nicht an einem Tag schaffen. Es macht überhaupt nichts, wenn ihr eine Woche oder länger dazu braucht. Wichtig ist, dass ihr Spaß habt. Freue dich zusammen mit deinem Hund über jeden Schritt, den er in Richtung Hocker macht! Deine Begeisterung wird auf ihn überspringen und gleich geht es besser. Halte die Übungseinheiten kurz, dann bleibt er besser bei der Sache. Verliere nie die Geduld oder gar die Beherrschung. Es hat eben nicht jeder Hund die Lernbegeisterung eines Border Collies, Parson Russell Terriers oder Malinois.

Dein Hund hat verstanden, dass es um den Hocker geht. Es ist Zeit für den nächsten Schritt. Wendet sich dein Hund wieder dem Hocker zu, bekommt er jetzt keinen Click mehr. Hinlaufen, schnüffeln oder anschauen reichen nicht mehr aus. Jetzt willst du mehr, er soll eine Pfote auf den Hocker setzten. Warte ab, was passiert. Er wird sich wundern, dass der Click ausbleibt. Hat er verstanden, dass er

sich Clicks verdienen kann, wird er anfangen zu probieren. Welches Verhalten führt zum ersehnten Click? Du verhältst dich neutral. Lass ihn hin- und her- oder einmal herumlaufen. Erst wenn er auf die Idee kommt, eine Pfote auf den Hocker zu stellen, clickst du.

Freu dich mit deinem Hund, er hat soeben eine große Leistung vollbracht!

Eventuell musst du hier einen Zwischenschritt einfügen. Manchmal klappt es mit der Pfote auf dem Hocker nicht. Lenke die Aufmerksamkeit deines Hundes auf den oberen Bereich des Hockers. Clicke, wenn er sich für die obere Fläche (die Sitzfläche) interessiert. Damit machst du diesen Bereich lukrativ.

Es kann sein, dass deine Fellnase nicht auf die richtige Idee kommt. Bevor er die Lust verliert oder frustriert ist, hilf ihm. Wann dieser Zeitpunkt ist, musst du individuell entscheiden. Du kennst deinen Hund am besten. Geh mit ihm zum Hocker. Er steht links von dir. Nimm ein Leckerchen in die linke Hand (Steht er rechts von dir, nimmst du das Leckerchen in die rechte Hand). Zeige es ihm. Halte es ihm vor die Nase und ziehe deine Hand nach vorn oben. Die Hundenase wird deiner Hand folgen. Mit der Nase folgen erst der Kopf, dann der Hals. Kommt dein Vierbeiner immer noch nicht an das Leckerchen, wird er wahrscheinlich eine Pfote (eventuell auch beide Vorderpfoten) auf den Hocker setzen. Denn dieser dumme Hocker steht zwischen ihm und dem Leckerchen. Ist die Pfote oben, clickst du sofort und er darf das Leckerchen fressen. Du hast deinen Hund in die richtige Position gelockt. Meistens reicht das aus. Beim nächsten Versuch weiß deine Fellnase, dass er eine Pfote aufsetzen soll. Er wird es von sich aus tun. Falls nicht, locke ihn noch einmal.

Diese Form des Trainings, in der du den Hund lockst, wird Shaping genannt. Im Gegensatz dazu steht das Free Shaping. Das ist die Version, in der der Hund durch Versuch und Irrtum selbst das richtige Verhalten herausfindet. Free Shaping ist das Ziel des Clickertrainings. Dein Hund ist Clickeranfänger. Braucht er noch Hilfe, solltest du ihm diese Hilfe geben.

Ist eine Pfote auf dem Hocker, folgt die zweite von ganz allein. Natürlich musst du auch diesen Schritt clicken und belohnen.

Von den aufgesetzten Pfoten bis zum Hochspringen ist es nicht mehr weit. Den meisten Hunden fällt diese Entscheidung leicht. Schafft dein Hund es doch nicht, hilf ihm wieder mit einem Leckerchen. Steht er das erste Mal oben, gibt es eine ganz tolle Belohnung. In dem Fall eine, die dein Vierbeiner oben auf seinem „Thron“ genießen kann. Er soll sich dort oben richtig wohlfühlen. Das Hochspringen auf den Hocker ist lediglich der erste Schritt. Diese Übung werden wir später in verschiedene Richtungen ausbauen. Lass ihn dort oben etwas Leckeres fressen. Für ein Spiel als Belohnung müsste er auf den Boden springen. Seine Aufmerksamkeit wäre nicht mehr auf den Hocker gerichtet. Gib ihm die Leckerchen aber nicht aus der Hand, sondern lege sie ihm auf den Hocker.

Hat er aufgefressen, darf er wieder herunterspringen.

Kennt dein Hund schon ein Auflösungssignal? Nein? Dann wird es Zeit, eines zu trainieren.

Grundkommandos lernen

Zwei grundlegende Übungen

Diese beiden Übungen machen es dir und deinem Hund leichter, Verhalten zu lernen und zu festigen.

Auflösungssignal

Ein einfaches Beispiel: Dein Hund beherrscht das Kommando „Sitz“. Brav setzt er sich. Und nun? Er hat getan, wozu du ihn aufgefordert hast. Er hat sich hingesetzt und wahrscheinlich eine Belohnung bekommen. Dein Hund hat sich richtig verhalten. Was hindert ihn daran, gleich wieder aufzustehen und sich eine andere Beschäftigung zu suchen? Kommt von dir keine weitere Information, ist der Fall für deinen Hund damit erledigt. Vor allem, wenn du einen kleinen Quirl hast, der nicht lange stillsitzen kann. Auch das empfindet er als richtiges Verhalten.

Du siehst das wahrscheinlich anders. Du hattest einen Grund, deinen Hund ins „Sitz“ zu bringen. Sei es, ob du dir die Schuhe binden wolltest, ihr an einer Fußgängerampel warten müsst oder du einen kleinen Plausch mit einer guten Bekannten halten möchtest. Du gehst davon aus, dass dein Vierbeiner sich hinsetzt und sitzen bleibt. Warum sagst du ihm das dann nicht? Er weiß es nicht.

Damit ist nicht die unschöne Situation gemeint, die man leider allzu oft sieht: Ein Mensch bringt seinen Hund zum Sitzen. Der Hund setzt sich, sein Mensch beschäftigt sich mit anderen Dingen. Hund steht gleich wieder auf, sein Mensch bringt ihn wieder zum Sitzen. Der Hund sitzt einen Moment, wird er nicht beachtet, steht er auf und zieht an der Leine oder nervt anderweitig. Das Spiel wiederholt sich, bis der Mensch genervt aufgibt und mit seinem Hund weitergeht oder er wird böse und schimpft mit dem Hund. Wiederholt sich solch ein Vorfall, wird der Hund abstumpfen. Er wird weder auf das „Sitz“

noch auf das Geschimpfe reagieren. Der Erfolg gibt ihm Recht. Er hat seinen Menschen mit seiner Nerverei dazu gebracht, zu tun, was er wollte. Sie sind weitergegangen. Das Schimpfen versteht er nicht. Er weiß nicht, warum sich sein Mensch so verhalten hat.

Nun sollst du dich auch nicht anhören, wie eine Platte, die einen Sprung hat. Es ergibt keinen Sinn ständig „Sitz", „Sitz", „Sitz" zu deinem Hund zu sagen. Das wird er spätestens nach dem fünften Mal ebenfalls ignorieren und die Situation gerät außer Kontrolle, siehe oben.

Woher soll dein Hund nun wissen, wie lange er sitzen soll? Hier kommt das Auflösungssignal ins Spiel.

Das Auflösungssignal ist ein eindeutiges Zeichen für deinen Hund. Er soll ein Verhalten so lange zeigen, bis das Auflösungssignal oder Auflösungskommando kommt. Das Auflösungssignal beendet die Übung. Welches Wort du benutzt, ist egal. Es muss nur immer das gleiche Wort und sollte möglichst kurz sein. Beliebte Auflösungssignale sind „OK" oder „Lauf". Du kannst nach Belieben ein anderes wählen.

3, 2, 1 geschafft

Im vorliegenden Beispiel sitzt dein Hund so lange, bis von dir das „OK" kommt. Dann darf er aufstehen. Alle sind entspannt. Dein Schuh ist gebunden, die Fußgängerampel steht auf Grün und du hast den neuesten Klatsch ausgetauscht.

Zuerst muss dein Hund verstehen, worum es geht. Er kennt die Bedeutung des Wortes „OK" nicht. Das muss er erst lernen. Ganz wichtig: Auf ein Auflösungssignal folgt keine Belohnung, kein Click, kein Leckerchen, Nichts. Warum? Das Auflösungssignal ist selbstbelohnend. Was ist für deinen Hund die schönste Belohnung, wenn er 5 Minuten neben dir sitzen musste? Ganz klar: Aufstehen und weitergehen! Genau das bekommt er unmittelbar nach dem „OK".

Würdest du das Aufstehen noch mit Leckerchen belohnen, würde deine Fellnase versuchen, so schnell wie möglich an besagte Leckerchen zu kommen. Er würde aufstehen und zu dir sagen: „Schau mal, was ich Tolles gemacht habe! Nun rück schon mit den Leckerchen raus!"

Das Auflösungssignal hat deine Fellnase schnell gelernt. Lass ihn „Sitz" machen. Sofort wenn sein Hinterteil den Boden berührt, kommt dein Click für das Sitzen und sein Leckerchen. Sowie er das Leckerchen verschlungen hat, kommt das „OK" von dir. Es ist wichtig, dass du das „OK" gibst, bevor dein Hund von selbst aufsteht. Zu Anfang wirst du sehr schnell sein müssen. Vor allem, wenn dein Hund das „Sitz" erst lernt. Dann ist das Hinterteil nach kurzem Bodenkontakt schneller wieder oben als der Tennisball aus der Trockenübung. Gutes Timing ist auch hier wieder gefragt und viele Wiederholungen. Hast du den Eindruck, dein Hund hat das „OK" verstanden, gehst du einen Schritt weiter. Warte einen kleinen Moment, nachdem er sich gesetzt hat, bis du das Auflösungssignal gibst. Fange mit einer Sekunde an. Erwarte nicht, dass deine Fellnase auf Anhieb minutenlang sitzt. Das schafft er noch nicht, du verleitest ihn Fehler zu machen. Fehler führen zu Frustration und Stress. Mache es ihm so einfach wie möglich. Beginne mit einer Sekunde, daraus werden zwei, drei usw. Erst wenn deine Fellnase den aktuellen Stand der Übung beherrscht, kannst du weitergehen. Dann verknüpft er das Training mit Erfolg und hat Spaß daran. Wie lange es dauert, bis dein Hund mehrere Minuten entspannt neben dir sitzt, ist verschieden. Hat dein Hund Erfolg und Spaß am Lernen, geht es schneller. Selbst kleine zapplige Quirle können es lernen.

Was, wenn dein Hund vor dem Auflösungssignal aufsteht? Dann setzt du ihn kommentarlos wieder hin. Dieses Mal gibt es für das Hinsetzten weder Click noch Leckerchen. Sitzt er, löst du sofort auf, bevor er wieder von selbst aufsteht.

Lilly hatte es schnell heraus, dass sie für das Sitzen ein Leckerchen bekam. Was lag also näher, als aufzustehen und sich erneut auf Kommando hinzusetzen. Dann gibt es noch ein Leckerchen. Wäre sie nicht aufgestanden und brav sitzen geblieben, wäre ihr dieses zweite Leckerchen entgangen. So funktioniert Hundelogik und so schnell kann sich eine falsche Verhaltenskette aufbauen. Als Ergebnis wunderst du dich, dass dein Hund nicht sitzen bleibt, sondern ständig wieder aufsteht. Deshalb gibt es ausschließlich für das erste Mal hinsetzen eine Belohnung, für spätere Korrekturen nicht mehr. Hier musst du konsequent sein.

Hat dein Hund das Auflösungssignal in Zusammenhang mit dem „Sitz“ verstanden, funktioniert es in anderen Situationen und mit allen anderen Kommandos wie „Platz“ oder „Bleib“ ebenfalls.

Zeit zwischen Click und Belohnung verlängern

Die Belohnung muss nicht sofort nach dem Click folgen. Der Click muss sofort nach dem richtigen Verhalten erfolgen. Mit dem Click hat dein Hund seine positive Bestätigung und weiß, das Leckerchen folgt. Einer der Vorteile des Clickertrainings ist es, dass du die Zeit zwischen Click und Belohnung ausdehnen kannst. Damit lernt dein Hund ganz einfach, länger zu sitzen oder länger liegenzubleiben. Der Click kommt sofort bei Bodenkontakt seines Hinterteiles. Bis jetzt bekam er gleich darauf sein Leckerchen. Nun muss er eine Sekunde darauf warten. Das wird er voller Vorfreude tun. Durch die Konditionierung weiß er genau, dass er etwas bekommt. Diese eine Sekunde kannst du zu mehreren Sekunden ausdehnen. Das gibt dir die Zeit, das Leckerchen aus der Tasche zu holen. Nach dem Leckerchen folgt früher oder später das Auflösungssignal. Wann genau, hängt vom Ausbildungsstand deines Hundes ab. Steht er noch am Anfang, solltest du nicht zu lange warten. Es besteht die Gefahr, dass er von allein aufsteht. Später können es Minuten sein.

Bei manchen Gelegenheiten ist es günstig, wenn du deinen Hund aus der Entfernung steuern kannst. Beim Spazierengehen im Freilauf kannst du ihn aus mehreren Metern Abstand ins „Sitz“ oder „Platz“ bringen. Deinen Click hört er. Er kann entspannt sitzen und warten, bis du mit dem Leckerchen ankommst.

Sitz, sollte jeder Hund können

Um deinem Hund das „Sitz“ beizubringen hast du zwei Möglichkeiten. Du kannst, wie bei der Einführung des Clickers in Schritt 2, abwarten. Irgendwann wird sich deine Fellnase von selbst hinsetzen. Das clickst du. Dein Click kommt sofort, wenn sein Hinterteil auf dem Boden landet.

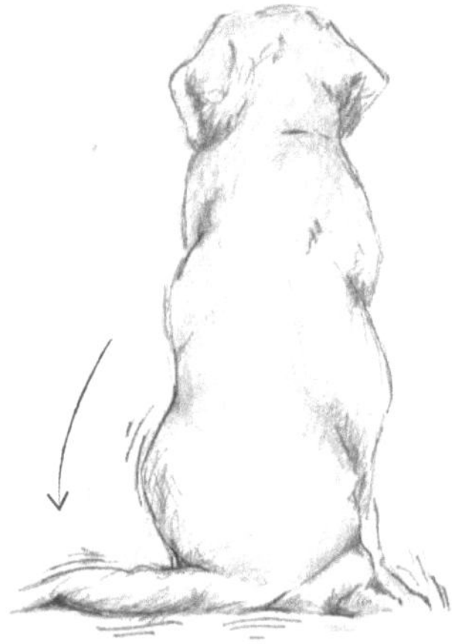

Der Click kommt sofort nach Bodenkontakt

Nach mehreren Wiederholungen hat dein Hund verstanden, worum es geht. Er soll sich setzen.

Bei der zweiten Methode hilfst du ihm, das richtige Verhalten zu finden. Dein Hund steht vor dir. Du hast in einer Hand den Clicker und in der anderen ein gutes Leckerchen. Das Leckerchen hältst du ihm in 5 cm Abstand vor die Nase. Interessiert er sich für den verführerischen Duft? Dann gehst du mit der Leckerchenhand langsam nach hinten und oben, in Richtung Rute. Halte das Leckerchen ca. 2 bis 3 cm über seinen Kopf. Seine Nase wird dem Duft folgen und damit sein ganzer Kopf. Das Hinterteil landet dabei automatisch auf dem Boden. Das ist der Moment, auf den du gewartet hast. Dein Click folgt sofort mit anschließender Belohnung.

In die richtige Position locken.

Danach kommt bei beiden Methoden dein Auflösungskommando, bevor er von sich aus aufsteht. Auch wenn er das „OK“ noch nicht kennen sollte. So lernt er von Anfang an, dass nach dem Hinsetzen noch etwas kommt. Die Übung ist erst mit dem Auflösungssignal beendet.

Nach einigen Wiederholungen wird dein Clickerhund wissen, was du möchtest. Wahrscheinlich setzt er sich von selbst und schaut dich erwartungsvoll an.

Hat die Fellnase das verstanden, kommt der nächste Schritt. Die Übung bekommt einen Namen und ein Sichtzeichen. Damit teilst du deinem Hund mit, wann er das Verhalten Sitz zeigen soll. Als Name/Hörzeichen/Kommando hat sich „Sitz“ eingebürgert. Hundesportler ziehen das „i“ beim Sprechen gern länger, dann ist es für den Hund leichter, es vom ähnlich klingenden „Platz“ (beide enden auf tz) zu unterscheiden. Du kannst auch einen anderen Namen verwenden. Er sollte kurz und eindeutig sein. Das Sichtzeichen ist der erhobene Zeigefinger. Sichtzeichen sind sinnvoll, weil Hunde von Natur aus mehr über die Körpersprache kommunizieren als über Laute. Mit Sichtzeichen kannst du mit deinem Hund über weite Entfernungen kommunizieren, ohne zu schreien. Bei vielen Hunden lässt zudem im Alter das Gehör nach. Stimmkommandos funktionieren dann nicht mehr, Sichtzeichen schon.

Klemme dir in der nächsten Übungsstunde das Leckerchen in die Hand mit erhobenem Zeigefinger. Dein Hund verknüpft schnell diese Geste mit dem Leckerchen. Bald brauchst du das Leckerchen nicht mehr. Er wird sich beim erhobenen Zeigefinger setzen. Sein Leckerchen nach dem Click bekommt er selbstverständlich trotzdem.

Das Hörzeichen „Sitz“ lernt dein Vierbeiner am besten, wenn du kurz bevor du die Leckerchenhand hebst „Sitz“ sagst.

Führe die beiden Signale, Sichtzeichen und Hörzeichen, nicht zur gleichen Zeit ein. Damit würdest du deinen Hund überfordern. Hat er eines verknüpft, beginnst du mit dem Nächsten. Mit welchem Signal du beginnst, ist egal.

Kann er das „Sitz“, kannst du anfangen, ihn länger sitzen zu lassen.

Hat dein Hund Schwierigkeiten? Setzt er sich nicht? Weicht er aus oder geht rückwärts? Dann solltest du in kleineren Schritten vorgehen. Clicke bereits, wenn er den Kopf hebt, um dem Leckerchen zu folgen. Er sollte dabei stehen bleiben, achte darauf, dass der Click kommt, bevor er zurückweicht. Variiere die Position deiner Leckerchenhand. Halte das Goodie etwas weiter von ihm weg, ziehe deine Hand nicht zu weit nach hinten. Beuge dich nicht über ihn, geh vor deinem Hund in die Hocke oder auf die Knie.

Beugst du dich über deinen Hund, fühlt er sich bedroht und weicht aus.

Eventuell fühlt er sich bedrängt und weicht deshalb aus. Als nächstes clickst du, wenn er seinen Körper auch nur ansatzweise senkt. Dann muss er sein Hinterteil immer weiter senken, um an den begehrten Click zu kommen. Schließlich wird es auf dem Boden landen.

Platz, dein Hund legt sich hin.

Auch hier kannst du warten, bis dein Hund sich hinlegt. Indem du dieses Verhalten clickst, bestätigst du ihn und animierst ihn dazu, es zu wiederholen. Es kann sein, dass dein Hund sehr lange braucht, bis er das gewünschte Verhalten herausgefunden hat. Bevor er frustriert aufgibt, hilf ihm.

Die andere Möglichkeit ist wieder das Locken in die richtige Position. Dazu lässt du ihn „Sitz“ machen. Halte ihm ein Superleckerchen 2 bis 3 cm unter die Nase. Dann bewegst du deine Hand (mit dem Leckerchen) langsam gerade nach unten. Die Hundenase wird folgen und mit ihr der gesamte Oberkörper.

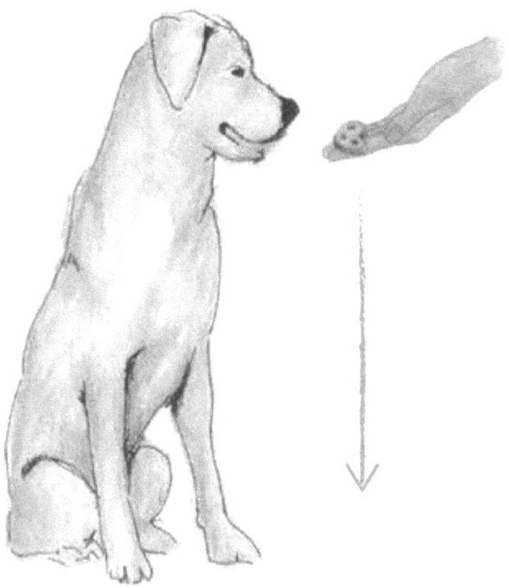

Achte darauf, dass du mit der Hand ganz gerade nach unten gehst.

Ist deine Hand auf dem Boden angekommen, liegt dein Hund vor dir. In dem Moment, in dem sein Bauch den Boden berührt, clickst du. Er bekommt sein Leckerchen und darf gleich nach dem Auflösungssignal wieder aufstehen. Gib ihm das Leckerchen nicht aus der Hand, lege es auf den Boden. Dann verknüpft er es bei dieser Übung mit dem Bodenkontakt.

Viele Hunde haben bei dieser Übung ein Problem. Sie mögen sich nicht auf Kommando hinlegen. Hast du solch ein Exemplar, kannst du versuchen, ihn schrittweise Zentimeter für Zentimeter mit weiteren Clicks nach unten zu locken. Bei einigen Hunden hilft eine Decke, auf die sie sich legen können. Eine Decke wollen vor allem diejenigen Hunde, bei denen nur das Hinterteil und die Vorderbeine auf dem Boden liegen. Den Bauch haben sie hochgewölbt, er hat keinen Bodenkontakt. Meistens ist ihnen der Boden zu hart, zu nass, zu steinig oder zu kalt.

Klappt das alles nicht, setzt du dich auf den Boden. Ein Bein hast du ausgestreckt. Das andere Bein winkelst du so weit an, dass dein Hund kriechen muss, um darunter durchzukommen. Locke deine Fellnase mit einem Leckerchen unter dein angewinkeltes Bein. Clicke, wenn er sich herunterbeugt, um am Leckerchen zu schnüffeln. Gib es ihm. Für den nächsten Click muss er sich etwas weiter unter dein Bein schieben usw. Damit machst du weiter, bis dein Hund unter deinem Bein liegt.

Oft hilft ein kleiner Trick.

Dafür bekommt er einen Click und ein besonders gutes Leckerchen. Auch hier lässt du es auf den Boden fallen. Das wirst du mehrmals wiederholen müssen. Reduziere die Clicks langsam, bis du nur noch das Unter-deinem-Bein-liegen anclickst.

Hat dein Hund gelernt, dass es bei dieser Übung ankommt, dass er auf dem Boden liegt, führst du Sicht- und Hörzeichen ein. Des Hörzeichen ist üblicherweise „Platz“ und als Sichtzeichen hat sich die ausgestreckte Hand mit der Handfläche nach unten etabliert.

Lässt du deinen Hund vor dem „Platz“ erst sitzen, bekommt er für das Sitzen einen Click. Anschließend noch einen Click für das Hinlegen. Vergisst du die Belohnung für das Sitzen, kann es passieren, dass dein Hund eine falsche Verhaltenskette daraus ableitet. Er ist dann der Meinung, dass dem „Sitz“ unweigerlich ein „Platz“ folgen muss. Also wird er sich nach jedem „Sitz“ kurz setzen und sich dann hinlegen.

An lockerer Leine laufen

Die Leinenführigkeit baust du im wahrsten Sinne des Wortes schrittweise auf. Du beginnst damit, dass dein Hund an lockerer Leine neben dir steht. Mit dem Targetstick kannst du ihn an die richtige Position leiten.

Der Targetstick hilft, die richtige Position zu finden.

Clicke diese Position an. Mache es für deine Fellnase ganz toll, wenn er neben dir stehen darf. Warum sollte er sich bei dir aufhalten? In der Wiese warten viele spannende Abenteuer auf ihn. Schau ihn freundlich an, sprich mit ihm. Verhalte dich so, dass es angenehm für ihn ist. Erschaffe eine Umwelt für deine Fellnase, in der er sich gern aufhält. Er wird sein Verhalten anpassen und bei dir sein wollen.

Warte, bis dein Hund dich anschaut, Click. Wenn er dich anschaut, konzentriert er sich auf dich. Schaut er irgendwo anders hin und du gehst los, führt das unweigerlich zu einem Leinenruck. Er war nicht darauf vorbereitet, dass du dich bewegst, weil er in eine andere Richtung geschaut hat.

Habt ihr Blickkontakt, gehst du genau einen Schritt vorwärts.

Kommt dein Hund mit, bekommt er einen Click. Achte darauf, dass die Leine locker durchhängt. Dieses Leinenspiel spielt ihr immer wieder. Klappt der erste Schritt, machst du zwei Schritte.

Ist deine Fellnase an loser Leine bei dir, bekommt er seinen Click nach dem zweiten Schritt. So machst du weiter, bald werden es drei, vier oder fünf Schritte sein. Der Click kommt immer zum Schluss. Dann kannst du die Schrittzahl schneller erhöhen. Zehn, zwanzig, fünfzig Schritte sind schnell erreicht. Bei längeren Strecken kannst du zu Anfang zwischendurch clicken. Dann bleibt deine Fellnase aufmerksam. Achte darauf, dass der Click in einem Moment kommt, an dem er dich anschaut und die Leine durchhängt.

Jetzt ist es Zeit für Schlangenlinien, Kreise und Kurven. Unregelmäßige Wegstrecken machen die Übung spannender, sie bringen Spaß ins Spiel.

Deine Fellnase muss aufpassen, dass er dich nicht verliert. Zwischendurch bleibst du ab und zu stehen. Lass ihn „Sitz“ oder „Platz“ machen.

Das übliche Hörzeichen ist „Fuß“, obwohl es sich von dem klassischen „Bei Fuß Gehen“ im Hundesport etwas unterscheidet.

Hilfe, mein Hund zieht an der Leine!

Fängt dein Hund an, an der Leine zu ziehen, bleibst du ganz ruhig stehen. Du machst nichts, du stehst nur da, kein Rufen, kein Locken, kein Zurückziehen. Dein Hund wird sich wundern, warum es nicht weitergeht. Er wird sich umdrehen und dich fragend anschauen. Dabei lässt der Zug der Leine etwas nach, weil er seinen Hals durch die Drehung des Kopfes ein kleines Stück zurückbewegt. Schau ihn freundlich an und weiter geht es. Zieht er wieder, bleibst du wieder stehen. Jetzt genügt es nicht mehr, wenn er nur den Kopf wendet. Warte, bis er ein bis zwei Schritte in deine Richtung gemacht hat. Erst dann gehst du weiter. Geclickt wird in dieser Situation nicht. Du wirst wahrscheinlich sagen: „Wenn mein Hund sich umdreht und aufhört zu ziehen, muss ich das belohnen.“ Ja, nur hier kommt wieder die Hundelogik ins Spiel. Dein kleiner Schlaumeier hätte es ganz schnell herausgefunden, wie er an zusätzliche Clicks kommt. Er braucht nur an der Leine zu ziehen. Du bleibst stehen, er dreht sich um und schon hat er seinen Click! Und du hast deinem Hund erfolgreich angewöhnt, an der Leine zu ziehen!

Dein Hund bekommt seine Belohnung dafür, dass er nicht mehr zieht. Es ist hier wie beim Auflösungssignal selbstbelohnend. Sowie er aufhört zu ziehen, geht es weiter. Er bekommt, was er möchte, er hat seine Belohnung. Zieht er, bleibst du stehen. Das ist unangenehm, er will weiter. Sowie er das Prinzip verstanden hat, dass es nur weitergeht, wenn er nicht an der Leine zerrt, wird er das Ziehen sein lassen. Es bringt ihm keinen Vorteil.

Ein Welpe oder Junghund, der gerade lernt, an der Leine zu laufen, hat das schnell verstanden. Hat dein Hund sich daran gewöhnt, dass die Leine dazu da ist, um an ihr zu zerren, brauchst du viel Geduld. Du kannst ihm helfen. Mach mit ihm häufige schnelle Richtungswechsel von 90 bis 180 Grad. Bleib stehen, variiere deine Geschwindigkeit von ganz langsam bis zum Laufschritt, kombiniere Geschwindigkeit und Richtungswechsel. Dann muss er sich auf dich konzentrieren und hat keine Zeit, an der Leine zu ziehen. Jedes Mal, wenn er von sich aus neben dir an loser Leine läuft, clickst du. Verändere dein Verhalten, die Umwelt deines Hundes und er wird sein Verhalten ändern. Mach dich spannend, hab Geduld und sei konsequent. Konzentriere dich auf deinen Hund, lass das Handy in der Tasche. Habt Spaß zusammen.

Mit dieser Methode habe ich auch Lilly überzeugt. Wenn wir im Gelände unterwegs waren, durfte sie auf Baumstämmen balancieren, wir sind zusammen Böschungen hochgeklettert und wieder hinuntergerannt usw. Nach einer Weile hatte sie begriffen, dass es ohne Gezerre an der Leine für uns beide wesentlich angenehmer ist.

In die Box / ins Körbchen gehen.

Es ist im Hundealltag praktisch, wenn du deinen Vierbeiner ins Körbchen schicken kannst. Soll er für Autofahrten in eine Transportbox, muss das ebenfalls nicht zum Kraftakt ausarten.

Erinnerst du dich an den Hocker? Genauso gehst du hier vor. Clicke an, wenn sich deine Fellnase für das Körbchen / die Box interessiert. Lass ihn schnüffeln, Click. Den nächsten Click bekommt er dafür, dass er eine Pfote hineinsetzt. Dann sind es zwei Pfoten, anschließend der ganze Hund. Ist er im Körbchen, gibt es ein Superleckerchen. Das Leckerchen lässt du ins Körbchen fallen. Verbindet er das Körbchen mit angenehmen Dingen, wird er gern hineingehen. Heraus darf er erst nach dem Auflösungssignal. Du kannst ihn im Körbchen sitzen lassen oder sich hinlegen. Wie du es anstellst, dass deine Fellnase länger im Körbchen bleibt, erfährst du in der nächsten Übung.

Mit der Transportbox gehst du ebenso vor.

Mach die Box spannend für deinen Hund.

Clicke an, wenn er die Nase hineinsteckt, dann den ganzen Kopf, die erst Pfote, die zweite Pfote usw. Wirf sein Leckerchen nach dem Click in die Box. Ist der ganze Hund drinnen, gibt es ein ganz tolles Leckerchen! Die Tür bleibt vorerst noch offen. Warte ab, bis er sicher hineingeht. Er wird sich hinsetzen oder hinlegen. Dafür bekommt er einen Click. Erst wenn er entspannt in seiner Box liegt, schließt du die Tür. Bleibt er weiterhin entspannt, clickst du.

Hilfe, mein Hund geht nicht in die Box!

Lege ihm Leckerchen oder ein Spielzeug hinein. Platziere es zu Anfang so, dass er es erreichen kann, ohne die Schnauze allzu weit hineinstecken zu müssen. Holt er es sich, bekommt er seinen Click und ein weiteres Leckerchen. In Verlauf der Übung wandert das Leckerchen immer weiter nach hinten. Je hochwertiger das Leckerchen ist, umso sicherer funktioniert es. Mit einem Bröckchen langweiligem Trockenfutter wirst du nicht zum Erfolg kommen. Dein Hund muss seinen Kopf immer weiter hineinstecken, um es zu erreichen, später die Pfoten usw. Jeden Schritt clickst du an. Geh nicht zu schnell vor, lass deine Fellnase in seinem Tempo die Box erobern. Hab Geduld mit ihm, er lernt es.

Funktioniert das nicht, bekommt er ab sofort sein gesamtes Futter in der Box. Stelle seinen gefüllten Napf zuerst vorn hin, wo er leicht herankommt. Der Napf wandert schrittweise weiter nach hinten. Auch hier ist viel Geduld von dir gefragt. Bleibe stets ruhig und freundlich. Wahrscheinlich hat dein vierbeiniger Freund schlechte Erfahrungen mit einer Box gemacht. Es ist an dir, diese schlechten Erfahrungen in gute, positive Erfahrungen umzuwandeln.

Das Hörzeichen könnte „Körbchen“ oder „Box“ sein. Dazu weist du mit deiner Hand in die jeweilige Richtung.

Zeitweise ist es praktisch, wenn du deinen Hund für einige Zeit im Körbchen „parken“ kannst. Möchtest du ungestört essen oder eine Bastelarbeit beenden? Schicke deinen Hund ins Körbchen.

Lass ihn jetzt zum Üben „Platz“ machen. Später kann er selbst entscheiden, ob er lieber sitzen oder liegen möchte. Warte mit dem Auflösungssignal eine Sekunde länger als sonst. Bei dieser Übung musst du mit viel Fingerspitzengefühl und noch mehr Geduld vorgehen. Dehne die Zeit bis zum „OK“ langsam, wirklich langsam, weiter aus. Du stehst neben deinem Hund, beobachte ihn. Das „OK“ muss auf jeden Fall kommen, bevor er die Lust verliert und von allein aufsteht. Damit es für ihn spannender wird, kannst du zwischendurch ab und zu clicken, wenn er ruhig liegenbleibt. Die Leckerchen lässt du ins Körbchen fallen. Klappt das für einige Minuten, gehst du einen Schritt von deinem Hund weg. Er soll allein im Körbchen liegen, während du anderweitig beschäftigt bist.

Du machst einen Schritt rückwärts und gleich darauf wieder vorwärts. Bleibt deine Fellnase liegen, bekommt er einen Click. Steht er auf, legst du ihn wieder ins „Platz“. Versuche es erneut. Dieses Mal hebst du das Bein nur an, ohne den Schritt. Bleibt er liegen, kommt ein Click. Wenn nicht, hebst du das Bein nicht hoch, du wippst nur auf den Zehen und wieder zurück. Klappt es jetzt, wiederholst du die Übung, bis du ein Bein heben und später einen Schritt machen kannst. Clicke jeden Zwischenschritt an.

Gelingt der erste Schritt sicher, wartest du einen Moment (eine Sekunde), bis du wieder zu deinem Hund zurückgehst. Ist er liegengeblieben, bekommt er seinen Click. Aus der einen Sekunde werden Minuten und aus dem ersten Schritt zwei, drei und mehr. Variiere die Schrittzahl und die Zeit, dann bleibt es für deinen Hund unberechenbar, wann er aufstehen darf. Was hier in drei Sätzen steht, kann Wochen oder Monate dauern. Erwarte keine Wunder. Hat dein Hund eine starke Bindung zu dir, wird es ihm schwerfallen, allein im Körbchen zu liegen, wenn du weggehst. Mach es ihm leichter, stelle sein Körbchen in den Raum, in dem du dich aufhältst. Wenn er dich sehen kann, fühlt er sich sicher.

Steht er zwischendurch auf, leg ihn kommentarlos wieder hin. Für das erneute Hinlegen bekommt er kein Leckerchen. Du würdest ihn ermuntern, gleich wieder aufzustehen. Steht er häufiger auf, geh im Training einen Schritt zurück. Dann ist er noch nicht so weit. Um es ihm noch leichter zu machen, kannst du sein Körbchen neben deinen Stuhl oder Arbeitsplatz stellen. Clicke ab und zu, wenn er brav liegt.

Training für Profis

Eine Herausforderung für deinen Hund ist es, im Körbchen zu bleiben, wenn du aus dem Raum gehst. Bleibt er auch dann liegen? Gehe erst nur einen Schritt durch die offene Tür und dreh gleich wieder um. Du bleibst dabei noch im Sichtfeld des Hundes. Funktioniert das, gehst du so weit, dass du kurz aus seinem Blickfeld verschwindest. Den Rest kennst du schon. Bleibe immer länger aus seinem Sichtfeld. Anschließend kannst du anfangen, die Tür Stück für Stück hinter dir zu schließen.

Klappt die Übung zu Hause, übst du draußen weiter.

Kennt dein Hund, dass du aus seinem Blickfeld verschwindest, kannst du ihn kurz vor einem Geschäft anbinden. Du gehst in Ruhe einkaufen, dein Hund wartet entspannt. Er weiß, du kommst gleich wieder.

Das Hörzeichen für diese Übung ist „Bleib", das Sichtzeichen eine erhobene Hand, die Handfläche weist nach außen. Diese Geste allein wirkt zurückweisend auf Hund und Mensch.

Es war mir bei Lilly wichtig, dass sie lernt, zurückzubleiben. Sie sollte auf dem Hof bleiben, wenn ich das Tor öffne. Es kann gefährlich sein, wenn plötzlich ein Hund auf die Straße geschossen kommt. Ich wollte in Ruhe die Mülltonne nach draußen bringen und wieder hereinholen oder ein Päckchen vom Postauto abholen können. Lilly sollte im offenen Tor warten. Im Körbchen bleiben kannte sie schon. Für diese Übung hatte ich sie mit Geschirr und Schleppleine ausgerüstet. Das andere Ende der Leine hielt eine Hilfsperson. Die zweite Person stand hinter der Hausecke, Lilly konnte sie nicht sehen.

Als ersten Schritt signalisierte ich ihr zu bleiben. Sie setzte sich hin, gespannt, was nun passieren würde. Ich öffnete das Tor, blieb aber auf dem Hof. Lilly saß entspannt da. Sie bekam ihren Click. Auch als ich nach weiteren Versuchen vom Hof ging, blieb sie sitzen. Sie hatte das Prinzip der Übung: Bleib an deinem Platz, verstanden und verallgemeinert.

Dürfen wir Sie kurz unterbrechen?

Ihre Meinung als Leser ist gefragt. Dieses Buch soll ihnen ein angenehmes Leseerlebnis bereiten und ermöglichen, einen echten Mehrwert für ihr Leben mitzunehmen.

Daher bitten wir Sie herzlich um Ihr Feedback:

Hat Sie dieser Ratgeber weitergebracht?

Was können wir verbessern? Haben Sie bestimmte Inhalte vermisst, die in der nächsten Auflage Beachtung finden sollen?

Gefällt Ihnen etwas gar nicht oder hat der Fehlerteufel wieder zugeschlagen? Auch für Hinweise dieser Art sind wir Ihnen sehr dankbar.

Darum bitten wir Sie, uns Ihre ehrliche und ungeschönte Meinung mitzuteilen.

Schreiben Sie einfach eine formlose Mail an
verlags.kontakt@gmail.com
und teilen Sie uns Ihren persönlichen Eindruck mit.

Als **Dankeschön** erhalten Sie eine unser PDF „Rituale im Hundealltag" per Mail zugesandt.

Im Namen des Dein erster Hund - Verlags

Tom Bernhardt

Tom Bernhardt

Übrigens,

mehr Bücher aus unseren Verlag finden Sie auf

Seite 139

Einen sicheren Rückruf erfolgreich aufbauen

Etwas Wichtiges vorneweg: Der Clicker ist nicht dazu da, um deinen Vierbeiner zurückzurufen!

Der Clicker ist ein Werkzeug, mit dem du bei deinem Hund ein Rückrufsignal trainieren kannst. Das ist ein großer Unterschied. Dein Hund kommt nicht wegen des Clickgeräusches an sich zurück. Mit dem Click konditionierst du ein Hörzeichen. Dieses Hörzeichen ist es, auf das dein Hund reagiert und zurückkommt.

Ein sicherer Rückruf ist besonders für jagdfreudige Rassen wichtig. Besonders Jagdhunde und Terrier neigen dazu, allem und jedem hinterherzurennen. Hast du einen kleinen Racker, der von Natur aus zum Jagen neigt? Dann solltest du unbedingt im Welpenalter beginnen, einen Rückruf aufzubauen. Ein Welpe lernt schnell. Wird er älter und hat sich das Hetzen schon angewöhnt, hast du es wesentlich schwerer. Dann lässt er sich nur noch mit viel Geduld und Nervenstärke von dir davon überzeugen, auf Ruf zurückzukommen.

Als Hörzeichen wird gern „Hier" oder „Hierher" benutzt. Den Namen deines Hundes solltest du nicht verwenden. Der Name wird im Alltag häufig gebraucht, nicht jedes Mal soll dein Hund zu dir kommen. Als Sichtzeichen stellst du dich aufrecht hin. Du lehnst dich zurück und breitest die Arme aus, als ob du einen alten Freund begrüßen und umarmen möchtest. Mache ein freundliches Gesicht. Gehst du gern zu jemand, der dich finster anschaut? Beuge dich nicht nach vorn, um deine Fellnase in Empfang zu nehmen. Nach vorn Beugen wirkt bedrohlich auf Hunde. Er könnte unsicher werden und sich entschließen, lieber doch nicht zu kommen.

Rüste dich mit dem Clicker und dem Lieblingsspielzeug deines Hundes aus. Ein Spielzeug und ein wildes Spiel als Belohnung wirken bei aktiven Hunden wesentlich stärker als ein langweiliges Leckerchen. Und gerade die aktiven Vierbeiner sind es, für die der Rückruf besonders wichtig ist. Daneben ist der Rückruf, das Zurückkommen, mit (möglichst schneller) Bewegung verbunden. Du hast deinen Hund eventuell von einer lustigen Hatz abgehalten. Was liegt näher, als das Zurückkommen mit viel Bewegung und Herumtollen zu feiern.

Ein kleiner Tipp: Leine deinen Hund nach Möglichkeit nicht sofort an, wenn er zurückkommt. Das Anleinen empfindet er wahrscheinlich als negativ. Schließlich nimmst du ihm die Freiheit, nach Belieben herumzuschnüffeln oder anderweitigen Hundeangelegenheiten nachzugehen. Warte einen Moment, spielt, knuddelt, gib ihm ein Leckerchen usw. Das macht das angeleint Werden schmackhafter.

Das Training beginnt: Dein Hund ist in unmittelbarer Nähe, am besten neben dir. Warte, bis er nicht durch Schnüffeln oder Ähnliches abgelenkt ist. Du rufst „Hier“. Wendet sich deine Fellnase zu dir, clickst du. Es genügt zu Anfang, wenn er sich nur in deine Richtung dreht. Schon das solltest du bestätigen, gefolgt von einem Spiel oder Leckerchen.

Mache aus dem „Hier“ ein halb gesungenes, langgezogenes „Hiiiiieer“. Das klingt freundlicher als ein herausgeblafftes, kurzes „Hier“. Versuche, immer den gleichen Tonfall zu treffen.

Warte anfangs, falls sich deine Fellnase gerade mit anderen Dingen beschäftigt. Rufe ihn erst dann, wenn er nicht abgelenkt ist. Damit machst du es ihm leichter, auf dich zu reagieren. Er kann das von dir gewünschte Verhalten zeigen und wird bestätigt. Fehler und Frustration werden vermieden. Dein Hund freut sich, wenn er zu dir kommen darf.

Klappt das, entfernst du dich ein bis zwei Schritte von deinem Hund. Belohne anfangs wieder das Umdrehen zu dir. Der nächste Schritt ist, dass du mit dem Click wartest, bis er sich zu dir in Bewegung setzt. Sowie er einen Schritt in deine Richtung macht, stellst du dich hin und breitest die Arme zum Empfang aus. Bei kleinen Hunden kannst

du in die Hocke gehen. Dann folgt ein lustiges Spiel. Du musst deinem Hund mehr bieten als das, von dem du ihn gerade abrufst. Ist die Umgebung ruhig, ist das leicht. Willst du ihn von einem interessant duftenden Hundehaufen rufen, musst du mehr auffahren.

Langsam, ganz langsam, wird der Abstand zwischen dir und deinem Hund größer, bis 10 Schritte. Später übst du in unruhiger Umgebung mit mehr Ablenkung. Zur Sicherheit solltest du dann eine Schleppleine an deinem Vierbeiner befestigen. Wichtig ist, dass dein Click sofort kommt, wenn sich deine Fellnase in deine Richtung in Bewegung setzt.

Hilfe, mein Hund lässt sich nicht zurückrufen

Wie oft rufst du deinem Hund für gewöhnlich hinterher? Wahrscheinlich viel zu oft. Du rufst ab sofort maximal ein zweites Mal. Reagiert er dann nicht, gehst du zu ihm und nimmst ihn wortlos an die Leine. Rufst du ständig hinter ihm her, lernt er nur, dich zu ignorieren.

Ändere die Umwelt

Du kannst den Spieß auch umdrehen. Lauf nicht hinter deinem Hund hinterher, lass deine Fellnase hinter dir herlaufen. Ändere seine Umwelt, indem du eine Kehrtwendung um 180 Grad machst und in die entgegengesetzte Richtung gehst. Deinen Hund ignorierst du. Du verschärfst die Situation noch, wenn du anfängst zu laufen.

Du lässt deinen Hund allein zurück. Hunde sind Rudeltiere und hassen es, allein zu sein. Sein Rudel bedeutet Sicherheit. Diese Sicherheit nimmst du ihm, wenn du weggehst. Dein Vierbeiner wird sehr schnell an deiner Seite sein.

Läufst du hinter ihm hinterher, stärkst du ihm den Rücken. Er wuselt immer weiter vorwärts. Deine Rufe hat er als belanglos eingestuft und ignoriert sie. Du bist da, seine Welt ist in Ordnung. Er fühlt sich in seinem Verhalten bestätigt.

Training für Profis

Damit das Training abwechslungsreicher wird, hatte ich mir für Lilly einige Spiele ausgedacht. Es ging darum, dass sie sich trotz starker Ablenkung rufen lässt. Lilly saß etwa 5 Schritte von mir entfernt. Auf der linken Seite stand ein Napf mit Leckerchen (Das Lieblingsspielzeug funktioniert ebenfalls.), 5 bis 6 Meter weit weg. Die Leckerchen waren, um es nicht allzu schwer zu machen, normales Trockenfutter.

Das Ziel war, dass Lilly geradewegs zu mir kommt, ohne Umweg über den Futternapf. Die Aufgabe erwies sich als Herausforderung. Das Futter hatte eine starke Anziehungskraft. Es half auch nicht, wenn ich mit ihrem Kuscheltier wedelte oder besseres Futter in der Hand hatte. Der Napf zog sie an wie einen Magneten.

Ich musste mir etwas einfallen lassen, um der Magnetwirkung entgegenzuwirken. Ich begann, sofort nach dem „Hier“ rückwärtszugehen. Damit hatte ich schon mal die Auf-

merksamkeit meiner Fellnase. Dafür bekam sie einen Click. Ganz sicher war sie sich allerdings noch nicht, ihr Blick ging noch in Richtung Napf. Bevor sie wieder in die falsche Richtung abbiegen konnte, lief ich immer schneller rückwärts. Die Arme hatte ich einladend ausgebreitet und nebenbei bemühte ich mich, nicht hinzufallen. Aber es funktionierte! Nach kurzem Zögern kam meine Maus zu mir. Wir feierten eine Party mit tollen Superleckerchen und lustigem Spiel.

Wir waren auf dem richtigen Weg. Jedes Mal, wenn Lilly am Napf vorbeilief, bekam sie ihren Click. Nach und nach vergrößerte ich den Abstand, aus dem ich sie abrief.

Noch einmal schwieriger wurde es, als ich den Napf näher ans Geschehen rückte. Aber auch das klappte, nachdem sie die Übung verstanden hatte.

Als krönenden Abschluss der Übungseinheiten durfte sie den heiß begehrten Napf leeren. Die Idee dahinter ist folgende: Der Hund lernt, dass der Weg zur Belohnung über seinen Menschen führt.

Später habe ich eine Gasse aus Bröckchen von Trockenfutter links und rechts von Lillys Laufweg zu mir gelegt. Anfangs war besagte Gasse relativ breit. Mit der Zeit und sich einstellenden Erfolgen, rückte das Futter immer weiter zusammen. Der Weg dazwischen wurde ständig schmaler.

Verhaltensketten trainieren

Inzwischen habt ihr einige Erfahrungen im Umgang mit dem Clicker gesammelt. Jetzt könnt ihr euch an komplexere Übungen wagen. Erinnerst du dich noch an den Hocker vom Anfang? Es wird Zeit, ihn wieder hervorzuholen.

Vom Hocker zum Fahrgast

Kurz auf dem Hocker stehen, kann dein Hund schon. Lass ihn dort oben „Sitz“ machen. Das ist eine neue Situation für deine Fellnase. Auch, wenn er auf dem Boden oder in seinem Körbchen das „Sitz“ zuverlässig zeigt. Das auf dem Hocker zu tun, ist aus Hundesicht etwas völlig anderes. Es kann sein, dass er einen Moment zögert. Gib ihm die Zeit. Anstelle des „Sitz“ kannst du ebenso ein „Platz“ verlangen oder er bleibt einfach stehen. Selbstverständlich belohnst du die korrekte Ausführung mit einem Click und Leckerchen. Ob dein Hund sitzt, liegt oder steht, parke ihn für einen Moment dort oben. Auch das „Bleib“ auf dem Hocker ist neu für deinen Vierbeiner. Warte anfangs nicht zu lange mit dem Auflösungssignal.

Ein Hocker bietet eine Vielzahl weiterer Möglichkeiten. Du solltest das auf den Hocker Springen mit einem Hörzeichen kombinieren. Er muss nicht immer ganz nach oben. Es genügt schon, wenn er nur die Vorderbeine aufsetzt. Oder lass ihn mit den Hinterbeinen oben stehen und die Vorderbeine stehen auf dem Boden.

Skateboard fahren

Tausche den Hocker gegen ein Skateboard. Stelle sicher, dass die Räder blockiert sind und sich das Teil nicht bewegen kann. Dass dein Hund auf dem Board steht, baust du genauso auf, wie beim Hocker. Fühlt er sich oben wohl, kannst du ganz langsam anfangen, das Skateboard zu bewegen. Du setzt dich auf den Boden. Bewege das Board leicht mit einer Hand, 2 bis 3 cm. Bleibt er ruhig stehen, clickst du. Merkst du, dass er unruhig wird und abspringen will, hältst du sofort an. Beruhige ihn, bestätige großzügig, dass er auf dem Skateboard steht. Versuche es später wieder, eventuell millimeterweise mit sehr vielen Clicks. Stabilisiere ihn mit einer Hand, das gibt ihm Sicherheit. Manche Hunde fühlen sich wohler, wenn sie sitzen können.

Hat dein Hund Vertrauen gefunden, fährst du das Skateboard einige Zentimeter vor und zurück. Du sitzt immer noch auf dem Boden. Geh nur so weit, wie dein Hund gelassen bleibt. Clicke jeden Fortschritt an.

Später kriechst du auf allen Vieren neben dem Board, während du es schiebst.

Ist dein Hund ein Skateboardprofi, kannst du ein Band an das Board knoten und ihn ziehen.

In der Schubkarre oder im Bollerwagen fahren

Der erste Schritt hierzu ist identisch mit dem Hockertraining. Dein Hund soll jetzt nicht auf einem Hocker springen, sondern in eine Schubkarre oder einen Bollerwagen. Eine Schubkarre ist relativ hoch, deshalb solltest du sie nur mit einem größeren Hund oder einem sprunggewaltigen Zwerg verwenden. Für alle anderen Hunde ist ein Bollerwagen ideal. Hier solltest du deine Fellnase sitzen lassen. Eine Schubkarre mit einem stehenden Hund darin ist sehr instabil und schwer zu kontrollieren.

Du gewöhnst deinen vierbeinigen Fahrgast ebenso an seinen beweglichen Untergrund wie beim Training mit dem Skateboard, langsam und schrittweise. Die Schubkarre hebst du zuerst nur an und stellst sie wieder ab. Das clickst du an. Empfindet dein „Fahrgast" diese Bewegung als normal, kannst du langsam losfahren.

Durch Targettraining zum Alltagshelfer

Was ein Target ist, weiß dein Hund schon. Auch diese Übung kannst du weiter ausbauen. Du kannst deinen Vierbeiner nach Belieben überall hinschicken. Lege sein Target an die entsprechende Stelle oder führe ihn mit dem Targetstick.

Dein Hund kann lernen, mit einem, zwei oder allen vier Beinen darauf zu stehen und dort zu bleiben. Das ist praktisch, wenn du ihn unterwegs kurz parken möchtest. Manchmal ist nichts Geeignetes zu finden, wo du ihn anbinden kannst. Ein kleines Target passt in jede Tasche, es kann euer ständiger Begleiter sein.

Hat dein Hund das Target verinnerlicht, muss es nicht mehr riesengroß sein. Targets liegen auch nicht zwangsweise auf dem Boden. Mit ein wenig Übung genügt ein kleines blaues Klebeband (Kleine Post-it-Zettel funktionieren ebenfalls.) als Target. Verwende zum Trainieren einen blauen Gegenstand (Plastikdeckel, Stoff, ein altes T-Shirt oder Handtuch). Anfangs ist das Target in der Größe, die dein Hund gewohnt ist. Nimmt er das Target an, schneidest du ein Stück davon ab. Funktioniert es noch, bestätigst du ihn mit einem Click. Nach und nach wird das Target immer kleiner, bis es Klebestreifengröße hat. Nun brauchst du nur noch blaues Klebeband an die Stellen zu kleben, die dein Hund berühren soll. Das können Lichtschalter sein, die er betätigen soll oder Schubladen, die deine Fellnase schließen kann. Du kannst ihn ebenfalls dazu bringen eine Ballwurfmaschine auszulösen.

Licht an und aus schalten

Das Target hat bis jetzt ständig auf dem Boden gelegen. Jetzt musst du die Aufmerksamkeit deiner Fellnase in die Höhe leiten. Klebe das Klebeband anfangs kurz über dem Boden an die Wand, möglichst direkt unter einem Lichtschalter. Das ist für deinen Hund wieder eine neue Herausforderung. Clicke die Berührung des Wandtargets an. Nun rutscht das Target Stück für Stück höher, bis es auf dem Schalter klebt. Lass deinem Vierbeiner dabei Zeit und clicke jeden Zwischenschritt. Klebt das Target auf dem Schalter, geht das Licht bei Berührung mit der Hundepfote entweder an oder aus. Überlege dir ein Hörzeichen für diesen Trick, „Licht" wäre eventuell geeignet.

Der Trick funktioniert natürlich nur bei Hunden, die groß genug sind, um den Lichtschalter zu erreichen.

Schubladen schließen

Hier gehst du ähnlich vor, wie beim Lichtschalter. Jetzt wandert das Target am Schrank hoch, bis es die betreffende Schublade erreicht hat. Die Schublade muss leicht zu schieben sein. Dann lernt dein Hund schnell, was zu tun ist. Später, wenn er genug Erfahrung hat, klappt es auch mit schwergängigen Schubladen.

Wie dein Hund eine Schublade öffnen kann, lernst du weiter unten, in Verbindung mit der Übung zum Apportieren.

Dein Hund löst eine Ballwurfmaschine aus

Der Hit für jeden Balljunkie. Endlich brauchst du nicht mehr ständig Bälle zu werfen. Du musst lediglich dafür sorgen, dass immer ausreichend Bälle in der Maschine sind.

Für diese Übung klebst du das Target stückweise in Richtung des Auslösers. Auch hier clickst du wieder jeden Fortschritt an und gibst ein Leckerchen. Klebt das Target irgendwann auf dem Auslöser, wird deine Fellnase die Maschine beim Berühren in Gang setzten. Hier musst du sehr schnell sein, dein Click muss kommen, bevor der Ball fliegt. Der fliegende Ball ist jetzt die Bestätigung. Ein Leckerchen ist nicht mehr notwendig. Dein Hund wird auch nicht auf sein Leckerchen warten, er ist damit beschäftigt, dem Ball hinterherzurennen. Hier braucht es meistens nicht viele Wiederholungen. Die Verbindung Auslöser berühren = fliegender Ball, ist sehr schnell hergestellt.

Türen öffnen

Überlege dir im Vorfeld genau, ob du deinem Hund wirklich beibringen möchtest Türen zu öffnen. Er hat damit ständig Zugang zu allen Räumen, außer du verriegelst sie oder schließt ab.

Dieser Trick klappt wieder nur bei Hunden, die groß genug sind, um mit der Pfote die Klinke zu erreichen.

Klebe das Target, unten an die Tür. Die weiteren Schritte sind so, wie beim Licht An- und Ausschalten. Das Target wandert nach oben, bis die Klinke erreicht ist. Klebt das Target seitlich an der Klinke, passiert beim Berühren noch nicht viel. Dein Hund muss als Nächstes den wichtigsten Schritt machen, die Klinke von oben zu berühren. Dazu klebt das Target obendrauf. Das ist ein kleiner, aber feiner Unterschied und kann kurz vor dem Ziel noch etwas Geduld erfordern.

Ein Target ist im Agility ein gutes Hilfsmittel für das Kontaktzonentraining.

Mit der Decke ins Restaurant

Dein vierbeiniger Freund begleitet dich überall hin. Er möchte ebenfalls dabei sein, wenn du essen gehst oder unterwegs in einem kleinen Café Halt machst. Nun ist es sicherlich nicht in deinem Interesse, wenn deine Fellnase ständig quengelt, nicht stillsitzen kann oder andere Gäste belästigt. Mit ein wenig Training lernt er, entspannt neben dir auf einer Decke zu liegen. Mach es ihm gemütlich. Kalte Fliesen oder hartes Laminat laden nicht gerade zum Hinlegen ein. Nimm ihm eine kuschelige Decke mit, dort wird er gern liegen. Alternativ bieten sich Fußmatten oder Badteppiche an. Sie haben den Vorteil, dass die Unterseite gummiert ist. Das isoliert und deine Fellnase liegt trocken, auch wenn ihr draußen seid und das Gras nass ist.

Im Training verbindest du das Targettraining mit der „Platz"- und der „Bleib"-Übung. Die Decke ist das Target. Clicke wieder das Hingehen, Beschnüffeln und später das Berühren mit einer oder zwei Pfoten an. Da dein Hund inzwischen Clickerprofi ist, sollte es relativ schnell gehen. Ziel ist es, dass deine Fellnase auf der Decke steht. Mach die Decke mit viel, viel Bestätigung attraktiv. Umso leichter fällt es ihm, längere Zeit dort zu bleiben. Im Training kannst du ihn sitzen oder liegen lassen. Später in der Gaststätte solltest du es ihm überlassen, ob er lieber sitzt oder liegt. Trainiere, dass er auf der Decke bleibt. Bestätige ihn zwischendurch ab und zu mit einem Click und dem dazugehörenden (hochwertigen) Leckerchen. Mit der Zeit werden die Clicks weniger und die Leckerchen mutieren allmählich zu Trockenfutter.

Lass ihn nicht einfach so auf der Decke liegen, während du ein tolles Essen genießt. Nimm ihm einen schmackhaften Kauknochen mit und dnke an Wasser.

Apportieren: "Bring", "Nimm" und "Aus".

Bringt dir dein Racker alle Bälle zurück, die du ihm wirfst? Wenn ja, hast du Glück. Wenn Lilly hinter Bällen herlief, blieb sie dort stehen, wo der Ball lag. Dann drehte sie sich um und kam zu mir zurück. Ich musste hingehen und den Ball einsammeln. Auf die Dauer ein lästiges Unterfangen.

Einen auf dem Boden liegenden Ball fand sie schlichtweg langweilig. Also musste ich ihn interessanter machen. Ich nahm ihn in die Hand und schaute ihn mir genau an und spielte damit herum. Damit hatte ich die Aufmerksamkeit meiner kleinen Dame. Ich hielt den Ball in der ausgestreckten Hand und wartete. Lilly kam, Click, Lilly schnüffelte, der nächste Click. Jetzt kam die Herausforderung, sie sollte den Ball in die Schnauze nehmen. Es dauerte lange, bis sie die richtige Idee hatte. Irgendwann war es so weit. Sie wurde mit einem Click und einem Superleckerchen belohnt. Nach unendlich vielen Wiederholungen kam das Hörzeichen „Nimm“ dazu. Vorher hatte ich teilweise den Ball gegen einen Zerrstrick oder eine Beißwurst/Dummy getauscht. Sie sollte das „Nimm“ nicht nur mit einem Ball verknüpfen. Das Auflösungssignal bei dieser Übung ist nicht wie üblich „OK“. Ich habe von Anfang an „Aus“ verwendet, obwohl sie noch nicht wusste, was „Aus“ bedeutet. Nach dem Click brauchte sie ihre Schnauze zum Fressen und ließ den Gegenstand achtlos fallen. Da das nicht Sinn des Apportierens ist, musste sie lernen, den Gegenstand länger in der Schnauze zu halten. Es war mir von Anfang an wichtig, dass der Ball oder Zerrstrick in meine Hand fiel. Beim Apportieren soll der Hund das Bringsel seinem Menschen in die Hand geben, es nicht einfach auf den Boden fallen lassen.

Um Lilly zu animieren, den Gegenstand länger in der Schnauze zu behalten, kam der Click nicht mehr gleich, nachdem sie ihn genommen hatte. Sie musste einen Moment darauf warten. Sofort nach dem

Click hielt ich meine Hand unter ihre Schnauze und sagte: „Aus". Irgendwann kam das „Aus" vor dem Click. Den Click gab es erst, nachdem der Gegenstand in meiner Hand gelegen hatte. Später genügte es, wenn ich nur meine Hand ausstreckte. Sie wusste, dass sie das Bringsel hineinlegen sollte.

Nach den Vorübungen nun zum eigentlichen Apportieren. Dein Hund sitzt, du stehst ein bis zwei Schritte entfernt. Das Bringsel hältst du in der offenen Hand in Schnauzenhöhe.

Rufe deinen Vierbeiner und lass ihn den Gegenstand ins Maul nehmen. Jetzt gibt es keinen Click, sonst würde er den Gegenstand fallen lassen, um zu fressen. Ihr geht beide zusammen zum Ausgangspunkt zurück. Hier lässt du dir das Bringsel in die Hand geben. Jetzt kommt der wohlverdiente Click. Aus den zwei Schritten werden drei, fünf und zehn Schritte. Inzwischen legst du den Gegenstand auf den Boden. Dein Hund soll ihn von dort aufheben und mitnehmen.

Klappt das, beginnst du zu werfen. Dein Hund sitzt neben dir. Er soll auf dein Zeichen „Bring" warten. Das ist sehr schwer für ihn. Wirf den Gegenstand deshalb erst nur flach einen Meter weit. Auf dein „Bring" darf er losflitzen. Für das Loslaufen bekommt er einen Click.

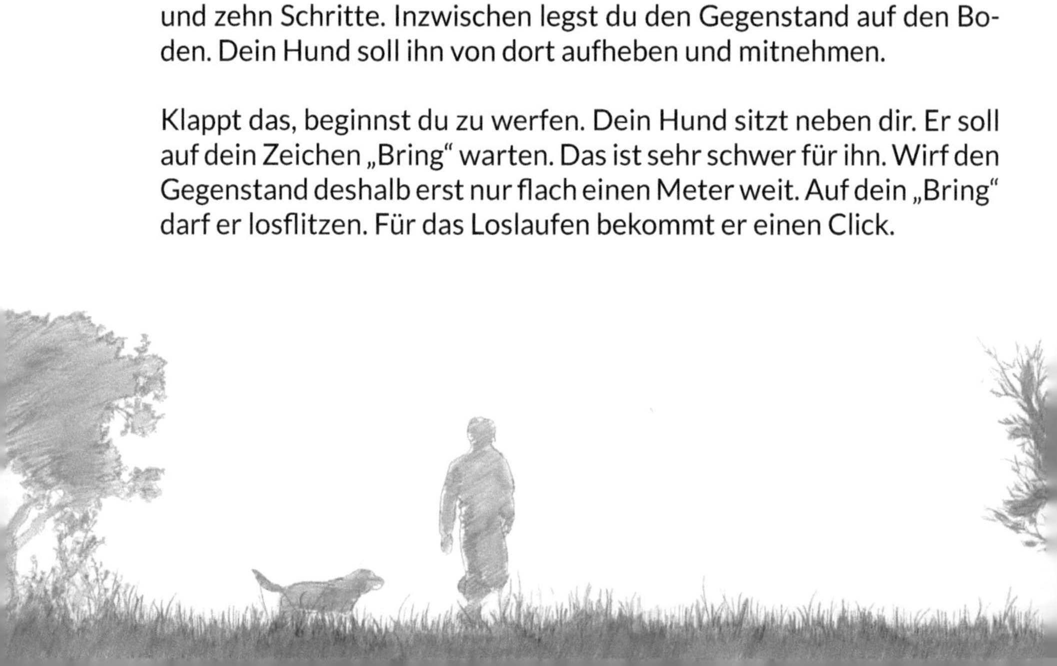

Hier brauchst du nicht zu belohnen, das Losflitzen ist Bestätigung genug. Hat dein Vierbeiner verstanden, holt er den Gegenstand und hält ihn bis zu deinem „Aus“ in der Schnauze. Klappt es nicht, ist er noch nicht so weit. Geh einen bis zwei Schritte zurück und übe weiter. Nach und nach kannst du das Bringsel weiter werfen. Deine Fellnase weiß nun, dass er warten muss.

Hilfe, mein Hund gibt den Gegenstand nicht her.

Hunde, die von sich aus den Ball holen und zurückbringen, geben ihren „Schatz“ oft nur ungern ab. Biete dann ein Tauschgeschäft an. Entweder tauschst du den Ball gegen ein Leckerchen oder ein anderes Spielzeug. Verwende auch hier das „Aus“ und fange den Ball auf.

Viele Hunde bieten das Zurückbringen von Gegenständen von sich aus an. Mit ihnen übst du das in die Schnauze Nehmen und das Halten von Gegenständen und das anschließende Abgeben derselben.

Achte darauf, dass der Gegenstand nicht zu schwer ist. Er sollte aus Textil oder Holz sein, das nehmen Hunde gern ins Maul. Kaltes Metall meiden sie.

Schubladen öffnen

Übe das „Nimm“ und das anschließende Halten mit einem Zerrstrick. Binde anschließend den Zerrstrick an eine Schublade. Warte, bis deine Fellnase den Strick in die Schnauze nimmt. Auch wenn dein Hund das kennt, ist der Zusammenhang für ihn doch anders. Clicke das einige Male an. Dann wartest du, bis er daran zieht. Dafür bekommt er einen Click, auch wenn die Schublade eventuell noch nicht offen ist. Er lernt, dass er ziehen soll. Wie stark der Zug sein muss, lass ihn mit weiteren Clicks herausfinden.

"Aus" kann Leben retten

Mit dem Hörzeichen „Aus“, signalisiert du deinem Hund, dass er das, was er gerade im Maul hat abgeben soll. Dein Hund schnüffelt beim Gassigehen herum und nimmt alles Mögliche in die Schnauze. Das kann gefährlich sein. An scharfkantigen Dingen kann er sich verletzen oder er könnte gar einen Giftköder fressen. Lass dir potenzielle Gefahrenquellen mit einem „Aus“ geben.

Verhalten ändern

Ein Verhalten zu ändern, das sich bereits etabliert hat, ist schwierig und langwierig. Du solltest dich fragen, warum dein Hund sich so verhält, wie er es tut. Zernagt er Möbel, ist er eventuell nicht ausgelastet. Bellt er viel, könnte er sich unsicher fühlen oder Aufmerksamkeit suchen. Ein Hund tut nie etwas ohne Grund. Für ihn ergibt sein Handeln Sinn, wir Menschen verstehen ihn nur oft nicht.

Ein Verhalten besteht oft aus mehreren Einzelschritten (Verhaltenskette). Verhalten ändern heiß, dass dein Hund ein bestimmtes Verhalten entweder nicht mehr oder in veränderter Form zeigen soll. Am leichtesten geht das, wenn du so früh wie möglich in die Kette eingreifst. Das kennst du von dir. Du möchtest deine Modellautos sortieren. In dem Moment, in dem du dich hinsetzt, ruft dein Freund an und möchte mit dir ins Schwimmbad gehen. „Na gut, sortiere ich die Autos ein anderes Mal", denkst du und gehst. Die Entscheidung ist dir leichtgefallen. Anders sieht es aus, wenn dein Freund dich eine halbe Stunde später anruft. Du bist beim Sortieren, die halbe Wohnstube liegt voller Autos und Schachteln. Dann kannst und willst du nicht aufhören und schwimmen gehen.

Kennst du die Ursache für ein bestimmtes Verhalten, beseitige die Ursache (ändere die Umwelt) und dein Hund wird das Verhalten nicht mehr zeigen. Zernagt dein Welpe Stuhlbeine, liegt das eventuell daran, dass er im Zahnwechsel ist. Es kann ebenfalls sein, dass er Langeweile hat. Ist er im Zahnwechsel, braucht er viele Kauspielzeuge. Hat er Langeweile, spiele mit ihm oder geh spazieren. In beiden Fällen wird er das Zernagen von allein aufgeben.

Als Erstes musst du deinem Hund mitteilen, dass er das, was er gerade tut, nicht mehr tun soll. Er soll sein Verhalten abbrechen. Nun kannst du mit ihm schimpfen oder irgendwelche Schrecksignale (Spritzflasche, Klapperdose usw.) verwenden. Das versteht dein Hund meistens nicht. Er verknüpft den unangenehmen Schreck mehr mit dir als mit der Situation. Das führt oftmals dazu, dass er das unerwünschte Verhalten zeigt, wenn du nicht da bist. Du hast deinen Hund angeschnauzt, weil er am Sofakissen geknabbert hat. Daraufhin hat er damit aufgehört. Eine Woche später musste deine Fellnase länger

allein in der Wohnung bleiben. Als du nach Hause kommst, weht dir eine Wolke Kissenfedern entgegen. Sämtliche Kissen liegen zerfetzt in der Wohnung umher.

Wäre es nicht besser, dem Hund verständlich zu erklären, welches Verhalten er nicht zeigen soll? Ihm eventuell ein Alternativverhalten anzubieten?

Der erste Schritt dazu ist ein Abbruchsignal.

Verhalten unterbrechen

Ein Abbruchsignal ist eine eindeutige Aufforderung an deinen Hund. Er soll sein Verhalten sofort unterbrechen und sich dir zuwenden. Im obigen Fall mit dem Sofakissen, könnte es wie folgt ablaufen: Dein Hund knabbert am Kissen, du sagst das Abbruchsignal, er wendet sich zu dir (Jetzt knabbert er schon nicht mehr, er schaut gespannt zu dir.), du rufst ihn und gibst ihm als Alternative ein Kauspielzeug.

Wiederholst du das einige Male, wird er sich in Zukunft ein Kauspielzeug suchen und deine Kissen in Ruhe lassen.

Überlege dir als Abbruchsignal ein Hörzeichen, das du im Alltag nicht benutzt. Das allseits beliebte „Nein“ ist nicht geeignet, es wird zu häufig verwendet. Das verwirrt deinen Hund. „Aus“ ist ebenfalls schon besetzt, es hat eine andere Bedeutung. „Lass“, „Äh-Äh“ oder „Stopp“ sind Möglichkeiten.

Der Clicker bleibt vorerst außen vor. Er kommt später ins Spiel.

Du beginnst damit, dass du das Abbruchsignal in einem freundlichen Ton zu deinem Hund sagst und ihm sofort ein hochwertiges Leckerchen gibst. Du verknüpfst das Abbruchsignal positiv. Es soll für deine Fellnase ganz toll sein. Umso besser wird er später darauf reagieren. Es macht einen Unterschied, ob dein Hund nach dem Abbruchsignal gelangweilt denkt: „Oh, der schon wieder. Na gut, dann hör ich eben kurz auf…“ Oder voller Begeisterung: „Ha, mein Mensch macht gerade was Tolles. Mal schauen, was er will!“ und das unerwünschte Verhalten ist vergessen.

Je positiver dein Hund das Abbruchsignal empfindet, umso schneller hast du Erfolg. Achte darauf, dass du es stets freundlich verwendest.

Übe das Signal unter Ablenkung. Dein Hund ist mit irgendetwas beschäftigt, egal was. Sage jetzt dein Abbruchsignal. Unterbricht er seine Tätigkeit und schaut dich an? Dann hat er es verstanden. Die Übung geht einen Schritt weiter.

Jetzt bekommt er seine Belohnung nicht mehr sofort nach dem Abbruchsignal. Ab jetzt spielt der Clicker mit.

Unterbricht deine Fellnase nach dem Abbruchsignal sein Tun, clickst du. Danach folgt die Belohnung. Mit dem Click bestätigst du sein Verhalten auf das Abbruchsignal. Es war richtig, dass er seine Beschäftigung unterbrochen hat. Clicke in dem Moment, in dem er sein Verhalten sein lässt. Damit hilfst du ihm zu verstehen, was du möchtest.

Warte nicht, bis er dich anschaut. Dann verbindet er den Click mit dem Anschauen, nicht mehr mit seinem Verhalten davor. Biete ihm nach der Belohnung für den Click eine Alternative an. Überlege dir vorher, was es sein kann. Lass ihn Tricks ausführen, auf seiner Decke liegen, bei Fuß gehen usw. sei kreativ. Dein Hund nimmt das Alternativverhalten am besten an, wenn es angenehm für ihn ist. Er darf es nicht als Strafe ansehen.

Den Click nach dem Hörsignal baust du später wieder ab. Beginne damit erst, wenn dein Hund das Abbruchsignal wirklich verstanden hat. Dann lässt du den Click ab und zu, später öfter, weg. Bis er irgendwann gar nicht mehr kommt. Die Belohnung, das Alternativverhalten, muss auch ohne Click weiterhin da sein.

Gefahren vermeiden

Im vorigen Kapitel hast du deinem Hund mit dem Signal „Aus", einen gefährlichen Gegenstand wegnehmen können. Mit dem Abbruchsignal kannst du verhindern, dass er ihn überhaupt aufnimmt. Dazu ist es notwendig, dass du deinen Hund beim Gassigehen im Auge behältst. Es wird für euch beide ein tieferes Erlebnis, wenn du dich unterwegs mit deiner Fellnase beschäftigst, anstatt mit deinem Handy. Genieße die Zeit mit deinem Hund.

Die Pfoten bleiben unten

Springt dein Hund gern bei jeder Gelegenheit Menschen an? Zur Begrüßung oder aus lauter Begeisterung im Spiel können vor allem junge Hunde ihre Pfoten nur schwer auf dem Boden lassen. Die angesprungenen Personen finden dieses Verhalten deines Vierbeiners oft lästig. Manche möchten sich ihre Sachen nicht beschmutzen lassen und es gibt Menschen, die generell nicht gern engen Kontakt zu Tieren haben. Hast du einen großen Hund, kann Anspringen gefährlich werden. Bei einem kleinen Jack Russell oder Westi spielt das Gewicht keine Rolle, kommt ein ausgewachsener Labrador oder Rottweiler angestürmt, sieht das anders aus.

Die bringen einen Menschen schnell zu Fall, auch wenn sie freundlich sind. Solche Unfälle und unschöne Szenen wegen zerrissener Leggings müssen nicht sein. Dein Vierbeiner kann lernen, seine Pfoten auf der Erde zu lassen.

Du kennst die Momente, wenn dein vierbeiniger Freund an dir hochspringt. Das passiert, wenn er sich freut, ungeduldig ist oder wenn er etwas von dir möchte.

Um ihm das Hochspringen abzugewöhnen, muss er an dir hochspringen. Gehe kurz aus der Wohnung, nach wenigen Minuten kommst du zurück. Dein Hund wird sich freuen und wahrscheinlich versuchen, an dir hochzuspringen. Du bist vorbereitet.

Verwende euer Abbruchsignal. Als Alternative kann er sich hinsetzen oder hinlegen und du kraulst ihn oder bedenkst ihn mit anderweitiger Aufmerksamkeit.

Möchte deine Fellnase andere Menschen beim Spaziergang anspringen, unterbrichst du das ebenfalls. Als Alternative kann er sich setzen und warten, bis der Mensch ihn begrüßt.

Das Alternativverhalten sitzen und warten, kannst du auch dann anbieten, wenn ein Besucher an deiner Wohnungstür klingelt. Eine weitere Möglichkeit ist es, dass dein Hund ins Körbchen geht.

Das muss nicht sein.

Betteln unerwünscht

Du kennst deinen Hund. Du weißt, dass er gern bettelt. Die beste Methode, es ihm abzugewöhnen ist, wenn du es erst gar nicht so weit kommen lässt. Unterbrich das Verhalten, noch bevor er es zeigt. Verändere seine Umwelt, gib ihm nicht die Möglichkeit zu betteln. Bevor du dich zum Essen setzt, schick ihn in sein Körbchen. Oder benutze die Decke vom Restauranttraining. Dann kann er neben dir sitzen oder liegen und ist mitten im Geschehen. Du kannst ihn zusätzlich mit Kauknochen ablenken. Durchbohren dich trotz allem hypnotische Blicke aus dem Körbchen oder von der Decke, ignorierst du sie. Beachte deine Fellnase nur, wenn er entspannt liegt oder sitzt. Dann ist ein freundlicher Blick von dir angebracht.

Die andere Möglichkeit ist das Abbruchsignal. Bei jeder Form des Bettelns, setzt du es ein. Wenn du isst und dein Hund sich in Hypnose versucht oder wenn du das Essen vorbereitest und deine Fellnase um dich herumwuselt oder dir am Hosenbein kratzt. Alternativen wären hier wieder das Körbchen oder jede andere Beschäftigung.

Mit der Zeit wird dein Hund verknüpfen, dass er ins Körbchen geht, wenn Frauchen/Herrchen isst. Je nachdem, wie ausgeprägt das Betteln bei deinem Vierbeiner ist, wird es mehr oder weniger lange dauern. Früher oder später wird sich sein Verhalten ändern. Wenn du dich zum Essen hinsetzt, wird er nicht mehr bettelnd daneben sitzen. Er wird von allein in sein Körbchen gehen.

Das wäre kein Problem, wenn sich dein Vierbeiner nicht unbedingt deine Gemüsebeete oder die Blumenrabatten im Park für seine Ausgrabungen aussuchen würde.

Buddeln gehört zu den natürlichen Verhaltensweisen vieler Rassen. Terrier, Dackel oder Beagle wurden darauf gezüchtet, dass sie Kleinwild aus ihren Bauen jagen und vor die Flinte des Jägers scheuchen. Dazu mussten die Hunde die Baue teilweise aufgraben. Um Mäuse und Ratten kurzzuhalten, verließ man sich jahrhundertelang ebenfalls auf Hunde. Eifrig buddelten sie die Mäusegänge auf, um den Schädlingen nachzustellen. Ratten waren für Katzen oft zu groß, Hunde wie der Yorkie wurden speziell gezüchtet, um der Plage Herr zu werden.

Kein Wunder also, dass dein Vierbeiner das Buddeln liebt. Deine Aufgabe ist es nun, seine Grabungsarbeiten in geordnete Bahnen zu lenken. Such dir im Garten oder auf dem Hof eine ungenutzte Ecke. Dort kann deine Fellnase in Ruhe seinem Hobby nachgehen. Entferne die Grasnarbe, in loser Erde buddelt es sich leichter. Du machst ihm seine neue Buddelecke noch schmackhafter, wenn du einige Leckerchen oder Kauartikel vergräbst. Nebenbei riecht es angenehm nach dir, wenn du dort gearbeitet hast. Ein Grund mehr, dass dein Hund sich wohlfühlt.

Die beste Methode ist auch hier wieder, das Buddeln zu unterbrechen, bevor er es zeigt. Sowie du bemerkst, dass dein Vierbeiner buddeln möchte, gib ihm das Abbruchsignal. Geh mit ihm in seine neue Buddelecke. Da er noch nicht weiß, was er dort soll, musst du es ihm zeigen. Fang an ein wenig in der Erde zu wühlen. Am besten dort, wo du ein Goodie versteckt hast. Deine Fellnase wird interessieren, was du da machst. Seine Nase wird dicht bei deiner Hand sein. Und oh große Freude, wenn er etwas findet!

Die Buddelecke ist dein Alternativangebot zum Blumenbeet.

Es wird einige Wiederholungen brauchen, bis er es endgültig verstanden hat.

Bellen muss nicht sein

Dass dein Hund ab und zu bellt, ist normal. Er ist ein Hund und Hunde bellen. Es ist völlig in Ordnung, wenn er den Postboten oder Besuch durch kurzes Bellen ankündigt.

Unangenehm wird es, wenn er aus Menschensicht grundlos über einen längeren Zeitraum bellt. Für scheinbar unkontrolliertes Bellen gibt es viele Gründe. Unsicherheit, Langeweile, Verlassensängste sind einige davon. Arbeite an der Bindung zu deinem Hund, gib ihm Sicherheit, beschäftige dich mehr mit ihm. Macht lange, spannende Spaziergänge mit vielen Abwechslungen. Kleine Tricks lasten deinen Vierbeiner geistig aus, fast alle Hunde mögen Such- und Schnüffelspiele.

Bellen abzubrechen, bevor dein Hund damit anfängt, gelingt so gut wie nie. Dein Hund hört den Postboten schon, obwohl er noch drei Blocks entfernt ist, du nicht. Wenn du ihn genau beobachtest, wirst du feststellen, dass sich sein Körper versteift, die Ohren drehen sich in die Richtung der Geräuschquelle. Er hält einen winzigen Moment inne, bevor er bellend zur Tür oder dem Fenster stürzt. Diese Anzeichen der folgenden Bellattacke sind nur für Sekundenbruchteile zu sehen.

Mit dem Clicker

Du kannst allein mit dem Clicker arbeiten. Dazu clickst du die kurzen Pausen an, in denen er nicht bellt. Diese Pausen sind meistens nur kurz, dein Timing muss perfekt sein. Nur wenn du wirklich die Pausen triffst, kann deine Fellnase verknüpfen, dass der Click dafür kommt, dass er ruhig ist, dass er nicht bellt. Dein vierbeiniger Freund lernt, dass es angenehm ist, nicht zu bellen. Er trifft die Entscheidung, dass er nicht bellt. Das ist eine große Herausforderung, entsprechend hoch muss die Belohnung sein. Passieren dir dabei Fehler, trainierst du ganz schnell eine falsche Verhaltenskette. Dann kommt beim Hund an, dass er den Click für das Bellen bekommt. Als Ergebnis wird er noch mehr bellen, er ist dafür bestätigt worden.

Mit dem Abbruchsignal

Zum Unterbrechen des Bellens kannst du das Abbruchsignal einsetzen. Eine Alternative könnte ein gefüllter Snackball oder Kong sein. Hier teilst du deinem Vierbeiner mit, dass er nicht bellen soll. Du triffst die Entscheidung.

Hundebegegnungen meistern

Für viele Hunde und deren Besitzer eine stressige Situation. Um diese zu vermeiden, kannst du auf der Stelle kehrt machen und der Begegnung ausweichen. Das funktioniert, ist aber leider nicht die optimale Lösung. Manchmal kannst du weder ausweichen noch umdrehen. Wenn die Begegnung mit einem anderen Hund nicht zu vermeiden ist, versuchen einige Hundebesitzer, ihren Hund abzulenken. Sie lassen ihn Blickkontakt aufnehmen, geben ihm Leckerchen. Mit etwas Glück ignoriert er den anderen Hund, obwohl er sehr aufgeregt ist. Das könnte klappen. Nur, ein Problem zu ignorieren, hat es noch nie gelöst. Bei der nächsten Hundebegegnung geht das Theater von vorn los.

Es ist besser, wenn dein Hund lernt, ruhig zu bleiben. Es gibt überhaupt keinen Grund sich aufzuregen. Beginne damit herauszufinden, welchen Abstand dein Hund zu einem anderen braucht, ohne sich allzu sehr aufzuregen. Diesen Abstand solltest du in dieser ersten Phase des Trainings einhalten. Versuche, direkten Kontakt zu vermeiden. Du würdest deinen Vierbeiner starkem Stress aussetzen. Das bisherige Training wäre verloren. Siehst du den anderen Hund, achte genau auf deinen eigenen Vierbeiner. Sowie er hinschaut, clickst du.

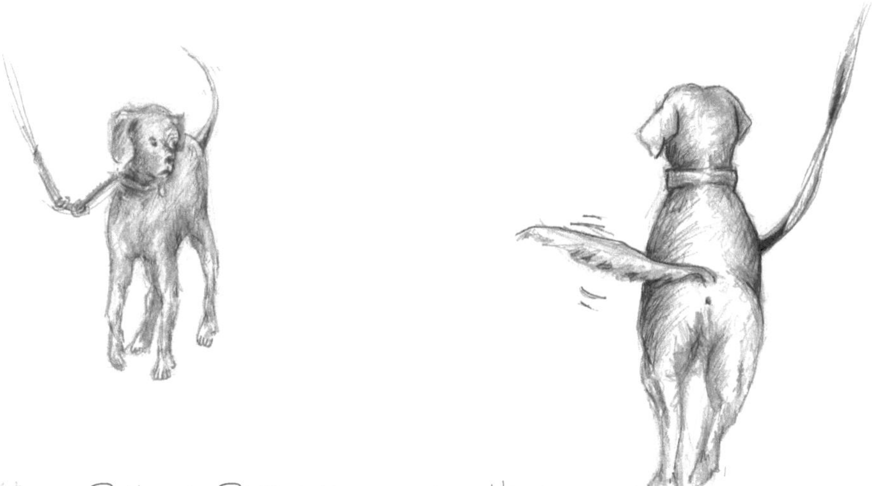

Belohne den Blickkontakt zum anderen Hund

Der Click sagt deinem Hund, dass es in Ordnung ist, wenn da noch ein Hund kommt. Dein Hund verbindet den Click mit angenehmen Dingen, er hat ein gutes Gefühl dabei. Dieses Gefühl überträgt sich auf die Situation. Sein Stresspegel sinkt, das Positive überlagert die Angst oder Aggression. Es sind viele Wiederholungen notwendig. Als Belohnung änderst du die Richtung oder weichst zur Seite aus. Dein Hund lernt: „Ich schaue den anderen Hund an, bekomme einen Click und mir geht es besser. Danach gehen wir in eine andere Richtung, weg vom Hund. Das ist gut, ich brauche keine Angst zu haben bzw. ich brauche meinen Menschen nicht zu beschützen, ich brauche mich um nichts zu kümmern. Es ist nicht schlimm, wenn ein anderer Hund kommt. Das geht mich nichts an." Du lenkst deinen Hund nicht ab, im Gegenteil, du bringst deinen Hund dazu, sich mit der Situation auseinanderzusetzen.

Was hier in wenigen Sätzen steht, kann in der Umsetzung lange dauern. Welpen und Junghunde haben den Bogen schnell heraus, bei einem eingefleischten Leinenpöbler, brauchst du Geduld. Aber auch er wird es lernen.

Mit der Zeit kannst du den Abstand zum anderen Hund verringern. Achte dabei unbedingt darauf, dass deine Fellnase entspannt bleibt. Gerät er in Stress, ist der andere Hund zu nahe.

Erst wenn er diesen ersten Schritt verinnerlicht hat, kannst du weitermachen. Versuchst du Schritt zwei zu früh und dein Hund regt sich noch zu sehr auf, löst du das Problem nicht.

Im zweiten Schritt genügt der Blickkontakt zum anderen Hund nicht mehr für einen Click. Dein Hund wird sich wundern, auf seinen Click warten und wahrscheinlich dich anschauen. Das ist der Moment, jetzt clickst du.

Das ist ein großer Schritt für deine Fellnase. Er hat sich bewusst vom fremden Hund weggedreht und schaut dich an. Hast du alles richtig gemacht, sollte er dabei völlig ruhig sein. Ihr könnt euren Weg fortsetzen. Dein Hund läuft entspannt an lockerer Leine neben dir.

Der große Moment

Du hast die Verhaltenskette: Fremder Hund – ich muss mich aufregen / ich habe Angst – ich muss bellen und an der Leine zerren, verändert in: Fremder Hund – ich schau meinem Menschen an und ignoriere den Dussel da drüben – wir gehen einfach weiter, geändert.

Der Hund als Jäger, der nicht jagen soll

Voraussetzung für diese Übung ist ein gut funktionierendes Rückrufsignal. Lässt sich dein Hund ohne die Ablenkung durch Wild nicht abrufen, wird er es beim Anblick eines Hasen erst recht nicht tun. Übe den Rückruf, bis er wirklich sitzt. Anfangs ohne Ablenkung, dann im Park usw. Spiel die Spiele mit der Futter/Spielzeugablenkung. Kannst du deinen Hund auf der Hundewiese von seinen Kumpels abrufen, seid ihr auf dem richtigen Weg. Überfordere deine Fellnase bei all dem Training nicht. Geh langsam vor, dann kommt ihr schneller vorwärts.

Das größte Problem, wenn dein Hund Wild hetzt, ist, dass er sich mit der Hatz selbst belohnt.

Diese Belohnung ist extrem hoch. Er schwebt auf Wolke Sieben und genießt in vollen Zügen. Ist er einmal im Jagdmodus gewesen, wird er dieses Glücksgefühl immer wieder erleben wollen. Selbst, wenn er das Wild nicht erlegen konnte. Trotzdem kann deine Fellnase lernen, seinen Jagdtrieb zu kontrollieren. Damit das Anti-Jagdtraining Erfolg hat, musst du alles Auffahren, was deinen Hund begeistert. Wegen eines lumpigen Leckerchens wird er nicht bei dir bleiben oder zurückkommen. Hochwertige Belohnungen wie Spielen oder ein tolles Alternativverhalten solltest du parat haben. Deiner Fellnase fällt es leichter, den Hasen auf dem Acker sitzen zu lassen, wenn ihr eine gute Bindung habt und eure Spaziergänge abwechslungsreich und ausgedehnt sind.

Der günstigste Moment, deinen Vierbeiner am Jagen zu hindern, ist der, bevor er losläuft. Beobachte beim Spazierengehen die Umgebung genau. Es geht darum, dass du das Wild siehst, bevor dein Hund es tut. Siehst du Hasen, Rehe oder anderes Wild, rufe deinen Hund. Nimm ihn an die Leine und geht ruhig daran vorbei. Die Rolle des fremden Hundes übernimmt hier das Wild. Vor dem Wild hat dein Hund keine Angst, im Gegenteil. Finde heraus, in welchem Abstand ihr an Wild vorbeigehen könnt. Dein Hund soll dabei ruhig und gelassen bleiben. Es folgt der Blickkontakt zum Wild, dann der zu dir usw.

An Wegen, die häufig von Hundebesitzern mit ihren Vierbeinern benutzt werden, ist das Wild an Hunde gewöhnt. Es bleibt stehen. Dann fällt es deiner Fellnase relativ leicht, daran vorbeizugehen. Anders ist es, wenn das Wild flüchtet. Die sich bewegende Beute bringt den Jagdinstinkt deines Hundes auf Hochtouren. Er will, besser gesagt, er muss hinterher! Hast du ihn bei dir an der Leine, kannst du vorbeugen. Bleibt er gelassen, bekommt er eine Belohnung. Droht der Jagdinstinkt die Oberhand zu gewinnen, nutze dein Abbruchsignal. Biete ihm ein kurzes Spiel (an der Leine) an. Stecke dir für solche Fälle ein Spielzeug in die Tasche. Bestens geeignet ist alles, was quietscht. Noch besser ist es, wenn dieses Spielzeug etwas ganz Spezielles ist. Damit spielst du nur zu besonderen Begebenheiten mit ihm. Erfolgreich dem Jagdtrieb widerstanden zu haben, ist eine solche Begebenheit.

Allein die Umgebung zu beobachten, genügt nicht. Du darfst deine Fellnase ebenfalls nicht aus den Augen lassen. Es ist durchaus möglich, dass er den Hasen vor dir entdeckt. Jetzt musst du schnell sein. Gutes Timing hast du inzwischen gelernt. Dein Hund sieht den Hasen. Du erkennst es an seiner Körpersprache. Für den Bruchteil einer Sekunde erstarrt er, die Rute in Erregung erhoben, Augen und Ohren gehen in Richtung des Hasen.

Jetzt, noch bevor er durchstartet, rufst du ihn.

Ist er erst unterwegs, nimmt er deinen Ruf nicht mehr wahr. Reagiert dein Hund auf deinen Ruf, wendet sich vom Hasen ab und dir zu, bekommt er seinen Click und eine ganz, ganz tolle Belohnung.

Empfange ihn mit Begeisterung, wirf das besondere Spielzeug in die dem Hasen entgegengesetzte Richtung. Damit bietest du deinem Jäger eine kleine alternative Jagd an. Als Krönung „erlegt“ er die Beute. Spielt eine Weile mit dem Spielzeug.

Viele Hunde lieben es, wenn sie ihre Beute nach Hause tragen dürfen. Du musst nur aufpassen, dass er sie nicht unterwegs irgendwo liegen lässt. Reagiert dein Hund nicht auf Spielzeuge, wirf etwas Fressbares. Es muss groß genug sein, dass dein Hund es fliegen sieht und im Gras findet. Das kann ein Stück getrockneter Pansen, eine Kaustange oder ein Schweineohr sein. Es sollte ebenfalls etwas Besonderes sein, das er nicht jeden Tag bekommt. Plane ein, dass deine Fellnase seine Beute fressen möchte. Gib ihm die Zeit dazu, er hat es sich verdient. Wenn es dir zu lange dauert, bis dein vierbeiniger Freund ein ganzes Schweineohr gefressen hat, wirf etwas, das er schneller vertilgt hat.

Radfahrer, Jogger oder Inlineskater jagen

Radfahrer und Jogger sind ein beliebtes Ausweichziel, wenn gerade kein Wild zu sehen ist. Mit Wild kannst du schlecht üben. Es wird sich nicht zu einer bestimmten Zeit an einem bestimmten Ort zum Training einfinden. Einen Radfahrer oder Jogger, der mit dir trainiert, findest du bestimmt in deinem Bekanntenkreis. Ab und zu solltest du den Menschen und auch das Fahrrad wechseln. Sonst läufst du Gefahr, dass dein Hund zwar diesen speziellen Menschen auf diesem speziellen Rad in Ruhe lässt, alle anderen Radler aber weiterhin fröhlich jagt.

Beim „Antijoggertraining“ gehst du vor, wie im Abschnitt „Hundebegegnungen meistern“ beschrieben. Finde heraus, welchen Abstand

zum Radfahrer (Jogge oder Inlineskater, ...) deine Fellnase braucht, um ruhig zu bleiben. Dann übst du den Blickkontakt zum Radfahrer. Nimmt dein Hund von sich aus Blickkontakt zu dir auf, hat er den Radfahrer als bedeutungslos eingestuft. Du kannst den Abstand verringern.

Ist dein Hund im Freilauf und du siehst in der Ferne einen Radfahrer auftauchen, handelst du, als ob der Radfahrer ein Hase wäre. Verhalte dich so, wie oben beim Antijagdtraining beschrieben.

Autos jagen

Das Gleiche gilt, wenn du deine Fellnase davon abhalten möchtest, Autos zu verfolgen. Hier wendest du ebenfalls die Strategien des Antijagdtrainings an.

Aus der Trickkiste

Für deinen Hund macht es keinen Unterschied, ob er nützliche Übungen für den Alltag lernt, oder nette kleine Tricks. Sicherlich würde es für das tägliche Familienleben genügen, wenn dein Vierbeiner die Grundkommandos kann. Nun kommt der Spaß ins Spiel. Die meisten Hunde probieren gern aus, entdecken Neues. Sie genießen es, das mit dir gemeinsam zu tun. Je mehr Zeit ihr aktiv zusammen verbringt, umso enger wird eure Beziehung. Dein Hund wird zum echten Familienmitglied. Nebenbei lastest du ihn mit dem Training geistig aus. In Kombination mit ausgedehnten Spaziergängen führt das zu einem ausgeglichenen, zufriedenen Hund. Unarten, wie Möbel und Schuhe zernagen oder nerviges Bellen kommen gar nicht erst auf.

Also, warum nicht ein paar Tricks lernen? Der Clicker ist das ideale Werkzeug dafür.

Schau, was dein Hund anbietet. Eventuell kannst du einen Trick aus seinem Tick machen.

In Lillys Trainingsgruppe gab es einen Border Collie namens Merlin. Mit Merlin konnte man wunderbar Fußball spielen. Und das kam so: Irgendwann war es seinem Frauchen leid, ständig neue Bälle zu kaufen, weil Merlin alle zerbiss. Deshalb bekam er einen großen Ball (Fußballgröße). Er hatte schnell herausgefunden, dass er den großen Ball mit seinem Nasenrücken umherschubsen konnte. Frauchen schoss, Merlin rannte hinterher und schob und schubste den Ball zurück. Das war aber noch nicht alles. Da Merlin als Border Collie sehr schnell war, war er häufig vor dem Ball am Landepunkt. Mit der Schnauze auffangen ging nicht. Zufällig traf ihn der Ball an der Schulter. Was ihm offenbar gefiel. Ab sofort nahm er die Bälle ständig mit der Schulter an und schubste sie mit dem Nasenrücken zu seinem Frauchen. Frauchen schoss den Ball wieder zurück. Ganz nebenbei war ein lustiges Fußballspiel entstanden.

Von Pfötchen geben bis "Gib mir Fünf"

Mit diesem Trick begeistert deine Fellnase bestimmt auch deine Freunde, die eigentlich keine Hunde mögen.

Du hast ein gutes Leckerchen in der geschlossenen Faust. Lege die Faust auf den Boden, der Handrücken weist nach unten. Dein vierbeiniger Freund wird sich für das Leckerchen in deiner Faust interessieren. Bei einem erfahrenen Clickerhund brauchst du das nicht mehr anclicken. Er weiß schon, dass es heute um deine Faust geht. Ist dein Hund noch Anfänger, solltest du es tun. Dein Hund wird sich alle Mühe geben an das Leckerchen zu kommen. Mit der Schnauze funktioniert es nicht. Als Nächstes probieren fast alle Hunde eine Pfote. Das willst du haben, das clickst du.

Als Belohnung nach dem Click öffnest du deine Faust und er darf das Leckerchen fressen. Wiederhole das mehrmals. Dann bleibt deine Faust nach dem Click geschlossen. Das Leckerchen bleibt darin. Gib ihm seine Belohnung mit der anderen Hand. Er soll lernen, dass es eigentlich nicht um das Leckerchen in der Faust geht. Es soll deine Hand mit der Pfote berühren. Seine Belohnung bekommt er sicher, egal aus welcher Hand.

Hat er das verstanden, lässt du das Leckerchen in der Faust weg. Klappt das mit dem Berühren dann nicht mehr, ist er noch nicht so weit. Dann müsst ihr weiter mit Leckerchen in der Faust üben.

Berührt er deine Faust zuverlässig, auch wenn kein Leckerchen darin ist, wird es Zeit für den nächsten Schritt. Öffne deine Faust langsam. Für jede Berührung mit der Pfote bekommt deine Fellnase weiterhin seinen Click.

Ist deine Hand vollständig offen, hebst du sie langsam vom Boden in die Höhe. Bring deinen Hund vorher ins „Sitz“. Sitzend fällt es ihm leichter, eine Pfote anzuheben. Ziel ist es, dass er seine Pfote in deine Hand setzt.

Als Hörzeichen eignet sich „Pfötchen“, als Sichtzeichen deine ausgestreckte Hand mit der Handfläche nach oben.

Du kannst die Übung so trainieren, dass dein Hund lernt, streckst du die rechte Hand aus, gibt er dir die linke Pfote (von dir aus gesehen die Rechte) und umgekehrt.

Gib mir Fünf

Kann dein Hund Pfötchen geben, ist es bis „Gib mir Fünf“ nicht weit. Kippe deine ausgestreckte Hand langsam zur Seite. Jeden einzelnen Schritt clickst du dabei an. Anschließend arbeitest du daran, deine Hand allmählich in die richtige Position zu bringen.

Als Hörzeichen eignet sich „Fünf“, das Sichtzeichen ist eindeutig.

Häschen oder Männchen machen

Diesen Trick solltest du mit deinem Hund nur machen, wenn er einen gesunden Rücken hat. Für deinen Senioren suchst du dir lieber eine andere Übung.

Dein Hund sollte vor dir sitzen. Du hast ein Leckerchen in deiner Hand. Hebe deine Hand ein Stück über seinen Kopf. Nicht zu hoch, nur so weit, dass er sich nach oben recken muss, um es zu erreichen. Clicke und gib ihm sein Leckerchen. Die Hand mit dem Leckerchen wandert langsam weiter nach oben. Als Nächstes muss dein Vierbeiner seine Vorderpfoten kurz vom Boden heben, um es zu erreichen. Dafür bekommt er einen Click. Spätestens jetzt weiß dein kleiner Clickerprofi, worum es geht. So ziehst du deinen Hund langsam mit deiner Hand an unsichtbaren Fäden nach oben. Inzwischen bekommt er sein Leckerchen aus der anderen Hand. Genau wie beim Pfötchengeben. Das Leckerchen aus der „Führhand“ verschwindet. Kann sich deine Fellnase auf den Hinterbeinen aufrichten und ausbalancieren, kommt der Click einen Moment später. Lass deine Hand so lange oben, wie er auf zwei Beinen stehen soll. Pass dabei auf, dass du ihn nicht überforderst. Die Übung sieht leicht aus, ist für einen Hund jedoch anatomisch schwer auszuführen.

Als Hörzeichen kannst du „Hoch“ verwenden, das Sichtzeichen ist deine Hand über seinem Kopf.

Fällt deinem Hund die Übung leicht, kannst du sie weiter ausbauen. Nicht jeder Hund eignet sich dafür. Steht er auf den Hinterbeinen, gehst du mit deiner Hand etwas nach vorn. Er weiß, dass seine Nase der Hand folgen soll. Damit das funktioniert, muss er einen Schritt nach vorn machen. So lernt er, auf zwei Beinen vorwärtszulaufen.

Die Rolle

Lege deinen Hund ins „Platz“. Soll er sich im Uhrzeigersinn drehen, hast du in deiner linken Hand ein Leckerchen. Halte es zwischen den Fingerspitzen, deine Handfläche zeigt nach oben. Du hältst deiner Fellnase das Goodie vor die Nase. Gehe mit deiner Hand seitlich am Hundekopf vorbei in Richtung Hundeschulter. Drehe deine Handfläche dabei um 90 Grad nach innen. Folgt die Hundenase? Dann gibt es einen Click, er darf das Leckerchen fressen. Dein Hund weiß, er soll den Kopf nach hinten-oben drehen. Klappt das, gehst du mit deiner Hand weiter in Richtung Rücken. Dreh deine Hand dabei weiter, sodass die Handfläche nach unten zeigt. Irgendwann muss dein Hund sich auf die Seite fallen lassen, wenn er dem Leckerchen weiter folgen möchte. Dafür gibt es den nächsten Click.

Im nächsten Schritt machst du mit deiner Hand eine fließende Bewegung über den Hunderücken nach rechts. Halte nicht an, wenn dein Hund liegt. Es fällt ihm leichter, wenn er dem Leckerchen ebenfalls in Bewegung folgen kann. Er wird sich umdrehen, eine Rolle machen. Das ist für ihn die einzige Möglichkeit, dem Leckerchen zu folgen. Er bekommt natürlich seinen Click und eine ganz tolle Belohnung.

Als Hörzeichen bietet sich „Rolle“ an. Das Sichtzeichen könnte die Handbewegung sein, die du mit der Leckerchenhand ausführst (Das Drehen der Handfläche und die Bewegung dabei nach links.)

Gegenstände unterscheiden

Dieser Trick ruft immer viel Bewunderung hervor. Auch der letzte deiner Freunde wird jetzt einsehen müssen, was für einen klugen Hund du hast.

Beginne mit einem Gegenstand. Es ist egal, was du dir aussuchst, eventuell seine Leine.

Bring deinen Hund ins „Sitz“. Geh zwei bis drei Schritte, lege die Leine auf den Boden und obendrauf ein Leckerchen. Geh zu deinem Hund zurück. Löse das „Sitz“ auf, deine Fellnase wird zur Leine laufen. Dafür bekommt er einen Click. Beim nächsten Mal benennst du den Gegenstand, kurz bevor er ankommt, noch vor dem Click. Im vorliegenden Fall wäre das „Leine“. Damit verknüpft sich der Begriff „Leine“ mit dem Gegenstand. Ist das Leckerchen verschlungen, kannst du ein weiteres Signal zufügen, eventuell „Bring“, wenn er die Leine bringen soll. Du kannst ihn ebenso vor der Leine ins „Platz“ legen. Nach und nach wird der Abstand zur am Boden liegenden Leine größer und es liegt nicht mehr jedes Mal ein Leckerchen darauf. Hat deine Fellnase das Wort „Leine“ sicher mit dem Gegenstand verknüpft, trainierst du einen zweiten Gegenstand.

Es könnte ein Zerrstrick sein. Du gehst genauso vor wie bei der Leine. Übe jeweils mit einem Gegenstand. Erst wenn er beide Gegenstände allein sicher beherrscht, geht die Übung weiter.

Dein Hund sitzt. Du legst beide Gegenstände weit voneinander entfernt auf den Boden. Den Zerrstrick ganz nach links, die Leine weit nach rechts.

Stelle dich vor deinen Hund. Du weist mit deinem Körper in Richtung des Gegenstandes, zu dem du deinen Hund gleich schicken wirst. Dein Gesicht, deine Schultern, deine Füße, alles zeigt in diese eine Richtung. Möchtest du deinen Vierbeiner zum Zerrstrick schicken, stehst du nach links gedreht. Gib deiner Fellnase jetzt das Signal „Zerrstrick". Brauch er Hilfe, zeigst du zusätzlich mit deinem linken Arm inklusive der Hand zum Zerrstrick.

Diese massiven körperlichen Hilfen baust du allmählich ab. Anschließend rückst du den Zerrstrick und die Leine immer weiter zusammen. Das Tempo bestimmt dein Hund.

Kann er die beiden Gegenstände sicher unterscheiden, kannst du mit einem dritten, vierten und fünften Gegenstand weitermachen. Beginne jeden Gegenstand einzeln, so wie bei der Leine. Erst wenn er den dritten Gegenstand sicher kann, kommt der dritte Gegenstand zu Zerrstrick und Leine dazu usw.

Leckerchen balancieren und fangen

Dieser Trick erfordert viel Geduld von dir und Selbstbeherrschung von deinem Hund. Er ist etwas für Trickprofis. Es geht darum, dass dein Hund ein Leckerchen einen Moment auf seiner Nase balanciert, es anschließend fängt und frisst.

Fange damit an, deiner Fellnase beizubringen, ein Leckerchen im Flug zu fangen. Wirf es ihm aus kurzer Entfernung zu, dass er es leicht fangen kann. Jetzt musst du schnell sein. Fängt er es, clickst du sofort, noch bevor er es gefressen hat. Fängt er es nicht, musst du vor ihm da sein und es aufsammeln. Er soll die Belohnung, das Leckerchen, nur bekommen, wenn er es gefangen hat. Bleibe also für die ersten Fangübungen in der Nähe deines Vierbeiners. Fängt er die leichten Würfe problemlos, ist es an der Zeit weiterzugehen. Fange an, in verschiedenen Winkel zu werfen, höher, flacher, von rechts, von schräg usw. Als Hörzeichen bietet sich „Fang" an.

Das war der leichte Teil der Übung. Jetzt soll das Leckerchen auf die Hundenase und dort einen Moment liegen. Du brauchst zwei verschiedene Leckerchen. Ein normales langweiliges, einfaches Trockenfutter, das nachher auf der Hundenase liegen soll. Wähle Futter, das flach und eckig ist. Das bleibt fast von selbst auf der Nase liegen. Dein Hund hat es beim Balancieren einfacher. Runde Bröckchen rollen zu schnell herab. Das andere Leckerchen ist die Belohnung nach dem Click jetzt im Training. Es muss hochwertig sein, Würstchen, Käse, hartgekochtes Ei, Bulette, ein Stück vom Sonntagsbraten usw. Buletten und Braten sind kein Hundefutter. Das sollte dein Hund nicht ständig fressen. Ein paar Stückchen hier im Training schaden ihm nicht. Es geht darum, dass dein Hund verrückt nach diesem guten Leckerchen ist. Er soll sich auf das Würstchen/den Braten konzentrieren und das Trockenfutter ignorieren. Je größer der Unterschied zwischen dem Trockenfutter und dem hochwertigen Leckerchen, umso schneller lernt dein Hund.

Du hast in jeder Hand ein Leckerchen. In einer Hand das Trockenfutter, in der anderen das Superleckerchen. In der Superhand hast du noch den Clicker. Alternativ kannst du eine zweite Person bitten, zu clicken. Deine Hände sind geschlossen, lasse deinen Hund wählen. Wählt er das Superleckerchen, bekommt er seinen Click und darf es fressen. Weil es sich um ein wirklich hochwertiges Leckerchen handelt, machst du deiner Fellnase die Entscheidung leicht. Es ist gut, wenn er das Trockenfutter in der anderen Hand nicht beachtet. Ein kleiner Tipp: Nimm das Superleckerchen in jeder Übungseinheit in die gleiche Hand, andernfalls verwirrst du deinen Vierbeiner.

Die Hand mit dem Trockenfutter wandert allmählich Richtung Hundenase. Dafür, dass dein Vierbeiner trotzdem die andere Hand mit seinem Superleckerchen bevorzugt, bekommt er weiter seine Clicks. Langsam kannst du anfangen, dass Superleckerchen abzubauen. Zuerst wird aus dem Würstchen manchmal ein gutes leicht zu kauendes Leckerchen. Dann fällt das Würstchen ganz weg. Aus dem guten Leckerchen wird ein normales usw.

Ist deine Hand über der Hundenase angekommen, fängst du an, sie zu öffnen. Gleichzeitig arbeitest du daran, dass dein Hund stillhält. Auf einer sich bewegenden Nase bleibt nichts liegen. Deine Fellnase bekommt seinen Click und das Leckerchen aus der guten Hand erst, nachdem er einen Moment ruhig gewartet hat.

Irgendwann hast du das Trockenfutter zwischen Daumen und Zeigefinger. Es hängt wenige Millimeter über der Hundenase. Dein Hund sitzt und wartet. Lege das Trockenfutter vorsichtig auf seine Nase. Jetzt kommt dein Click und gleich anschließend „Fang“. Durch den Click wird sich dein Hund bewegen und das Futter fällt herunter.

Den Click kannst du relativ schnell weglassen. Das „Fang“ genügt, um die Übung zu beenden.

Jetzt kannst du, wenn du möchtest, das Futter auf der Nase hochwertiger machen. Aus dem Trockenfutter werden Leckerchen, dann gute Leckerchen, später Käse oder Würstchen.

Clicker bei Veranstaltungen

Bei Veranstaltungen, Hundeausstellungen oder Hundesportevents hört man oft aus jeder Ecke mindestens einen Clicker.

Konzentriere dich auf deinen Hund und bringe deinen Hund dazu, dass er sich auf dich konzentriert. Schon hast du die anderen Clicker ausgeblendet.

Ist die Reizüberflutung zu hoch und dein Hund kann sich weder entspannen noch sich auf dich konzentrieren, suche dir eine ruhige Ecke. Geh in Richtung Ausgangstür. Oft genügt ein Schritt in Richtung Ausgang und er wird sofort ruhiger. Clicke das an. Mit dem Click wird er sich wohler fühlen. Die Belohnung für den Click ist, dass ihr euch in Richtung Ausgang bewegt.

Häufige Fragen

Für welche Hunde ist das Clickertraining geeignet?

Clickertraining ist generell für alle Hunde geeignet. Die einzige Ausnahme sind taube Hunde, weil sie den Click nicht wahrnehmen können. Am meisten profitieren ältere oder ängstliche Hunde vom Clicker. Dein Senior bekommt eine neue Aufgabe und den Angsthasen unter den Hunden gibt er Sicherheit. Weiterhin leistet der Clicker große Dienste, wenn du das Verhalten deines Vierbeiners ändern möchtest.

Ab wann kann ich mit dem Clickertraining beginnen?

Du kannst mit deinem Welpen beginnen, sowie er sich bei dir eingelebt hat.

Mein Hund hat Angst vor dem Click, was kann ich tun?

Das passiert manchmal bei geräuschempfindlichen Hunden oder bei besonders ängstlichen Exemplaren. Du kannst den Click dämpfen. Stecke den Clicker in die Hosentasche oder unter eine Decke. Eventuell helfen richtig gute Leckerchen.

Ich habe mehrere Hunde, wie gestalte ich das Clickertraining?

Das ist kein Problem. Du trainierst mit jedem Hund einzeln. Gehst du mit allen Hunden zusammen spazieren, verwendest du neben dem Click für jeden Hund seinen Namen als zusätzliches Markerwort. Ein Markerwort ist ein kurzes prägnantes Wort. Es funktioniert ebenso wie der Clicker und wird genauso aufgebaut. Du musst nicht zwingend den Namen nehmen, du kannst dir auch andere Markerworte überlegen.

Wie baue ich den Clicker ab?

Ist deiner Fellnase das „Sitz“ in Fleisch und Blut übergegangen, musst du es nicht mehr ständig anclicken. Fange damit an, dass der Click ab und zu ausfällt. Aus dem guten Leckerchen wird langweiliges Trockenfutter. Mit der Zeit clickst du immer weniger. Clicke zufällig, beim zweiten Mal, beim fünften Mal, dann beim dritten Mal. Dein Hund darf kein System erkennen. Achte auf deine Fellnase. Wenn er das „Sitz“ nicht mehr zuverlässig zeigt, musst du wieder mehr clicken.

Click ohne Belohnung

Dem Click muss immer eine Belohnung folgen. Der Click allein ist nur ein Geräusch. Der Click ist keine Belohnung. Erst die folgende Belohnung gibt ihm seine Bedeutung. Auch wenn dein Hund die Übung kann, hast du geclickt, muss eine Belohnung folgen. Immer!

Belohnst du den Click nicht mehr, verliert das Geräusch für deinen Hund an Bedeutung. Er reagiert nicht mehr darauf.

Der Click ist kein Rückruf

Viele Menschen neigen dazu, ihren Hund mit dem Clicker zu rufen.

Das ist nicht Sinn und Zweck des Clickertrainings. Einen Click muss sich dein Hund erarbeiten. Einen Click gibt es erst, nachdem er etwas getan hat, nicht vorher.

Wie du mit dem Clicker erfolgreich einen Rückruf aufbauen kannst, erfährst du in Kapitel 4, auf Seite 84.

Die falschen Leckerchen bei der Konditionierung

Deine Fellnase findet den Clicker nicht toll? Das kann daran liegen, dass er im 1. Schritt zur Konditionierung nicht sein Lieblingsleckerchen bekommen hat.

Die Begeisterung für den Clicker ist nur so hoch, wie die darauffolgende Belohnung. Für einfache Leckerchen wird sie sich in Grenzen halten.

Nur Futter als Belohnung

Aktive Hunde toben und spielen oft lieber, als sie fressen. Biete deinem Hund nicht ausschließlich Leckerchen an. Eventuell ist ein ausgelassenes Spiel für ihn hochwertiger.

Schlechtes Timing

Werde schneller! Dauert es zwischen der Aktion des Hundes und deinem Click zu lange, kann dein Hund den Click nicht mehr mit seiner Aktion verknüpfen. Du hast nur 0,5 bis 1 Sekunde Zeit.

Gib deinem Hund Zeit, die Übung zu verstehen

Lass deinem Hund Zeit, das gewünschte Verhalten herauszufinden. Geh bei den Übungen nicht zu schnell vor.

Fazit

Mit dem Clicker hast du ein wunderbares Hilfsmittel, um deinen Hund zu einem vollwertigen Familienmitglied zu erziehen. Denn das Belohnungssignal zeigt deinem Hund sofort, dass er etwas richtig macht. Und du kannst damit auch Abbruchsignale, einen Rückruf und viele andere nützliche Kommandos trainieren. Am wichtigsten dabei ist, dass der Spaß nicht zu kurz kommt. Auch, wenn es einmal länger dauert, bis deine Fellnase eine neue Übung verstanden hat. Besonders dann, wenn ein unerwünschtes Verhalten verändert werden soll, brauchst du Geduld. Lass dir Zeit! Und genieße es, mit deinem Hund zusammen zu sein. Freue dich über jeden kleinen Schritt in die richtige Richtung. Der Erfolg am Ende ist für dich und deinen Hund eine wunderbare Belohnung, auch wenn der Weg bis dorthin manchmal ein etwas längerer ist. Gib nicht auf! Dank des Clickers ist selbst aus meinem Rüpel Lilly ein liebenswerter Begleithund und Sportkamerad geworden.

Bildnachweise

Hunde-Zeichungen: Jenny Gösche

weitere Illustrationen: Julia Grün

Fotos by Adobe Stock:

@inkevalentin #332888058
@Tatyana Gladskih #337325724
@the faces #296080438
@KarolineThalhofer #236137260
@Elayne #440872582
@rushay #360896155
@otsphoto #292873272
@Daniel Rodriguez #312183838
@Dixi_ #5747352

Bevor du das Buch weglegst, noch eine Bitte!

Es gibt viele tausend Ratgeber und oft ist es schwer, den für sich passenden zu finden. Hilfreich sind hierbei ehrliche und aussagekräftige Rezensionen. Daher ist unsere Bitte:

Hilf anderen Kunden, unseren Ratgeber zu finden und erleichtere ihnen die Kaufentscheidung.

Nimm dir einen Moment Zeit und logge dich auf Amazon ein. Navigiere zu »Meine Bestellungen« und klicke neben dem Buchtitel auf »Schreiben Sie eine Produktrezension«.

Vielen Dank!

PS: Bei weiteren Fragen oder Anregungen erreichst du uns auch unter *verlags.kontakt@gmail.com.*

Impressum

Zenit Verlagskreis LLC
30 N Gould St Ste N, 82801 Sheridan, Wyoming, USA
Layout & Satz: Julia Grün
1. Auflage 2022

Printed in Poland
by Amazon Fulfillment
Poland Sp. z o.o., Wrocław

18451709R00081